Topos Taschenbücher
Band 210

W0193603

Vom gleichen Autor sind erschienen

Gesamtauflage: über 500.000

Willi Hoffsümmer

Geschichten zur Taufe

Topos Taschenbücher

Zeichnungen von Karl Heinz Hamacher

2. Auflage 1993

© 1991 Matthias-Grünewald-Verlag, Mainz
Alle Rechte vorbehalten
Reihengestaltung: Harald Schneider-Reckels und Iris Momtahen
Umschlag: Taufe Jesu (Zypern); Foto: Anneliese Hück
Satz: Roddert Fotosatz, Mainz
Druck und Bindung: Clausen & Bosse GmbH, Leck

Inhalt

Gott ist da für dich – wie Wasser.
Gott ist da für dich – im Wasser.
Er nimmt dich an – so wie du bist,
damit du in seiner Liebe glücklich leben kannst
und durch Glaube, Hoffnung und Liebe
alles Böse überwindest.
In der Taufe berührt dich Gott im Wasser.
Taufe ist das Eintauchen in Gott.

Elmar Gruber[1]

Hinführung: Vom Geschenk des Kindes

Das neugeborene Kind liegt wie ein Geschenk in den Händen der Eltern. Es ist in seiner Hilfsbedürftigkeit ganz auf Liebe angewiesen. In der Freude über dieses Wunder achten die Eltern das Bild, das Gott in ihr Kind hineingelegt hat. – Es muß nicht werden wie seine Eltern.

Die Liebe der Eltern darf ihm einen Namen geben; einen Namen, von dem wir als Christen wissen, daß er in Gottes Hand geschrieben steht. Unverwechselbar. Vorbehaltlos. Immer. Ein Gott, der spricht: „Ich habe dich beim Namen gerufen. Du gehörst mir" (Jes 43, 1).

Unmenschliche Systeme zeigen deutlich auf, welche Bedeutung ein Name für uns hat: Sie pferchen Menschen in große Lager, nehmen ihnen zuerst den Namen und teilen eine Nummer zu. Das Einmalige und Persönliche wird damit ausgelöscht, ins Namenlose eingeebnet.

Das Kind erhält meist einen Namen nach dem Vorbild dessen, der schon ein Heiliger, ein Geheilter ist; der das Ziel schon kennt, das er durch seinen Lebensweg gezeigt hat.

Das Kind ist kein Besitz. Das Elternhaus ist nur eine Durchgangsstation. Vater und Mutter führen das Geschenk mit helfender Liebe ins eigene Leben und lassen es los, wenn es seinen Weg gefunden hat. Bei diesem Prozeß kann der Zweifel an den eigenen Fähigkeiten aufkommen. Eltern suchen instinktiv nach einem umfassenderen Schutz und Halt. Der ist im Sakrament der Taufe angeboten. Hier wird sogar durch Jesus Christus jedem Menschen ein Gelingen zugesichert, auch wenn er vielleicht im Leben scheitert.

„Aus der Taufe gehoben werden" ist *das* Symbol eines neuen Anfangs. Ein Leben voller Freude und Hoffnung auch durch den Tod hindurch: Ein Leben „in Fülle" im Zeichen des

Osterfestes, des auferstandenen Christus; denn auf dieses ewige Leben wird das Kind getauft.

> *Wasser ist wie Gott köstlich und lebendig.*
> *Auch Jesus Christus ist wie frisches Wasser:*
> *In ihm leben wir auf.*
> *In ihm entfalten sich alle Keime in uns.*
> *Durch ihn sind wir gerettet.*
> *Komm, Geist Gottes, belebe dieses Wasser,*
> *gebe ihm deine Kraft,*
> *und laß es uns werden zum lebendigen Wasser,*
> *mit dem wir das Kind taufen wollen.*
> *Aus einem Taufritus nach Anton Rotzetter*

Ohne Wasser ist kein Leben auf der Erde denkbar. Fast drei Viertel der Erdoberfläche sind von Ozeanen, Seen, Flüssen und Eis bedeckt. Auch unterhalb der Erdoberfläche fließt das Wasser wie in der Luftschicht über der Erde, hier größtenteils als Dampf. Uns Menschen ist das Wasser durch neun Monate im Fruchtwasser von Anfang an vertraut. Und über zwei Drittel unseres Körpers bestehen aus diesem Lebenselixier. Wasser überwindet alle Hindernisse, um in die lebenden Zellen von Pflanzen, Tieren und Menschen einzudringen: Es überwindet die Schwerkraft und steigt bis ins oberste Blatt eines Baumes. Das Wasser und sein Schicksal gehen uns an. Reines Wasser wird knapp und hat es schwer. Ein Auto, das fertig vom Fließband rollt, hat mindestens 100.000 Liter Wasser verbraucht – durch die Herstellung des Stahls und die Montage der vielen Einzelteile. Jedem Liter Benzin, das den Autotank füllt, entsprechen 70 Liter Wasser, die zur Raffinerie benötigt werden. Wasser ist auch die größte Sauerstoffquelle der Erde. Seine gewaltigen Planktonmassen steuern die Lufterneuerung in einem immerwährenden Recycling. Schädigen wir das Wasser und das Meeresleben durch weitere Giftzufuhr, zerstören wir noch spürbarer seine kostenlose Leistung für unser aller Leben. – Wer den Blick für die Wunder am Wege nicht verloren hat, erlebt noch bewußt, wie das Wasser eines Wasserfalles spritzt, wie sich Licht im Wasser spiegelt, wie es schäumt und fließt und wie die Wasserpflanzen die Bewegung des Wassers mitmachen, wie Wasser als Tautropfen perlt... Wasser – der köstlichste Besitz der Erde!

Wasser ist das Zeichen der Taufe, durch die wir eine Lebenskraft empfangen, die nicht einmal der Tod zu zerstören vermag. Dieses Wasser soll zum roten Faden in diesem Buch werden. Erst wenn wir das Geschenk des alltäglichen Wassers wieder dankbar und ehrfürchtig in den Blick bekommen, werden wir auch die Taufe im Zeichen des Wassers und in der Kraft des Heiligen Geistes, der „schon über den Urwassern schwebte" (vgl. Gen 1, 2), richtig verstehen. Ich möchte Sie einladen, die nächsten Seiten mit mir am „Wasser" entlang zu wandern!

I. Wasser spendet Leben

Wüstenbewohnern fällt es wohl am leichtesten, das Geschenk des Wassers auszukosten: Wenn Regentropfen die Erde benetzen, erwacht in kurzer Zeit der trockene Sand zum Leben. Das Wachsen und Blühen der vielfältigen Samen von Kräutern und Blumen geschieht dann in verschwenderischer Fülle und unvorstellbarer Farbenpracht. Leben in Fülle! Wir in der Bundesrepublik verbrauchen im Durchschnitt pro Tag und Kopf 130 Liter Wasser, hauptsächlich durch Duschen und Wasserspülung. Wer soll da noch staunen können, wenn eine leichte Handbewegung genügt, um das kostbare Naß fließen zu lassen? Am besten gehen auch wir bei den Wüstenbewohnern in die Schule, bei denen eine Konservendose voll Wasser zum Zeichen tiefster Gastfreundschaft werden kann:

Warten, bis es aufhört

Der Leiter hatte einige Stammesführer der Wüstenbewohner zu einem kräftigen Wasserfall gebracht. Dumpf rauschend fiel er herab. Sie hatten von dem Wasser gekostet. Es war süß.
Sie standen stumm und starrten auf diese Wasserfülle. Wasser, das in der Wüste sein Gewicht in Gold wert ist. Es war ihnen, als drohten die Wasservorräte der ganzen Welt aus einem lecken Speicher auszulaufen. Schließlich sagte der Leiter der Gruppe: „Gehen wir weiter!" Sie aber rührten sich nicht von der Stelle und baten nur: „Noch einen Augenblick!" Weiter sprach keiner ein Wort. Stumm und ernst schauten sie: Hier lief aus dem Bauch des Berges so viel heiliger Lebens-

stoff, daß er ganze verschmachtende Karawanen zum Leben erwecken konnte. Hier zeigte sich Gott für sie sichtbar. Hier konnte man nicht gleich einfach weitergehen.

Der Führer mahnte wieder: „Weiter ist hier nichts zu sehen, kommt!"

Sie antworteten: „Nein. Wir müssen warten!"

„Worauf denn?"

„Bis es aufhört!"

Verkürzt nach Antoine de Saint-Exupéry[2]

Der Ginsterstrauch kann in der Wüste überleben, weil er eine Pfahlwurzel entwickelt, die bis zu 5 m in die Erde reicht. Er kann bis zu 95 % seiner Nadelblätter verlieren, um nach einer langen Dürrezeit neu auszuschlagen, wenn ihm erneut lebenspendende Feuchtigkeit geschenkt wird.

Haben wir für unsere „Dürrezeiten" eine solche Pfahlwurzel, die bis in die lebendigen Wasser reicht, die Jesus jedem versprochen hat, der an ihn glaubt? (vgl. Joh 7, 37 f).

Ohne Wasser kein Leben. Wasser ist mehr als Brot! Wir können mehrere Wochen ohne Nahrung leben, aber ohne Wasser keine 10 Tage.

Wir kommen „wie neugeboren" aus einem Bad und fühlen uns wohl „wie ein Fisch im Wasser". Wasser hat Heilkraft.

14

Wasser, du hast weder Geschmack noch Farbe, noch Aroma. Man kann dich nicht beschreiben. Es ist nicht so, daß man dich zum Leben braucht: Du selbst bist das Leben! Durch dich kehren uns alle Kräfte zurück, die wir schon verloren gaben. Dank deiner Segnung fließen in uns alle bereits versiegten Quellen der Seele. Du bist der köstlichste Besitz dieser Erde. (Saint-Exupéry)

Die rauschenden Ozeane, der Nebel über dem Sumpf, der langsam dahinkriechende Gletscher, der zischende Dampf der Vulkane, der Schneeball in der Hand eines Kindes, die fünf und mehr Milliarden Tonnen Feuchtigkeit, die schon ein kleiner Wirbelsturm durch die Lüfte jagt – all das ist Wasser!

Heilige Stätten waren die Quellen für den Menschen der heidnischen Vorzeit. Nur mit Ehrfurcht durfte der Mensch sich nähern. – Bei uns ist das Wasser zum bloßen Rohstoff geworden, dessen finanziellen Ertrag wir peinlich genau berechnen. Das Wort des Herrn ist fast vergessen.: "Was nützt es dem Menschen, wenn er die ganze Welt gewinnt, aber an seiner Seele Schaden leidet?"

Gelobt seist du, mein Herr, durch Schwester Wasser – so nützlich ist es und demütig, so kostbar und keusch. (Aus dem Sonnengesang des Franz von Assisi)

Das mußte erst Pfarrer Sebastian Kneipp um die Mitte des 19. Jahrhunderts mit seinen Wasserkuren wiederentdecken. Wasser bedeutet auch heute noch „neues Leben" – wie uns ein „Wünschelrutengänger", ein franziskanischer Missionar in Brasilien, in einem Brief berichtet:

Die Wünschelrute im Reisegepäck

Mein Großvater hat als Wünschelrutengänger sein Leben lang in ganz Europa und in Afrika mit großem Erfolg nach Wasser gesucht. In den Schulferien habe ich ihn oft bei dieser ungewöhnlichen Arbeit begleitet. Als Andenken an meinen Großvater war dann im Februar '83 auch eine seiner Wünschelruten in meinem Reisegepäck nach Brasilien. Aus dem Andenken wurde schnell ein Arbeitsgerät. Meinen ersten Brunnen habe ich noch im selben Jahr im Garten unseres Hauses erschlossen. Dieser guten Erfahrung folgten dann weitere Projekte in der Nachbarschaft. Jetzt suche ich in den trockenen Monaten (September–Dezember) im Landesinneren jedes Jahr geeignete Punkte, um Brunnen zu graben.

Da gibt es nun ein Dorf in unserer Gegend mit dem schönen Namen *Neues Leben*. Doch niemand konnte sich an diesem „neuen Leben" so recht freuen. Eine verheerende Wassernot machte den Menschen seit langem zu schaffen. Jeden Tropfen Wasser mußten sie in Fässern auf Eseln aus einem 15 km entfernten Brunnen holen. So haben sie schmerzlich erfahren, daß fehlendes Wasser Tod bedeutet, und sie haben froh und dankbar erlebt, daß Wasser Leben schenkt. Oft hatten sie schon nach dem nassen Gold gegraben, aber immer ohne Erfolg. Als ich von der Not des Dorfes hörte, habe ich mit Opas Wünschelrute einen Brunnen markiert. In Gemeinschaftsarbeit haben die Männer gleich zu graben begonnen und in etwa 30 m Tiefe reichlich Wasser gefunden. Einer der Männer sagte: „Mit diesem Wassersegen hat Gott den Namen unseres Dorfes wirklich in Erfüllung gehen lassen – jetzt ist es wirklich *Neues Leben.*"

Heribert Arens[3]

Auch die Welt der Märchen erzählt immer wieder von der erneuernden Kraft des Wassers, am deutlichsten im Märchen der Brüder Grimm „Das Wasser des Lebens". Hier ein wichtiger Abschnitt daraus in einer Nacherzählung von Hubertus Halbfas:

Das Wasser des Lebens

Von einem alten Vater wird erzählt, der todkrank war (und es mag der Alte wohl für vieles stehen, was innen und außen brüchig geworden ist). Um ihn zu retten, hieß es, müsse das Wasser des Lebens gefunden werden, das aber nur schwer und gefahrvoll zu gewinnen sei.

Da sprach der älteste Sohn: „Ich will es schon finden", hatte aber nicht den Vater, sondern nur eigenen Vorteil im Sinn. Also machte er sich auf, und als er eine Zeitlang fortgeritten war, stand da ein Zwerg auf dem Weg, der rief ihn an: „Wohinaus so geschwind?"

„Dummer Knirps", sagte der Junge ganz stolz, „das brauchst du nicht zu wissen", und ritt weiter. Doch wohin diese Art führt, zeigte sich bald. Wie er nun fortritt, taten sich die Berge zusammen, und endlich war der Weg so eng, daß er keinen Schritt weiterkommen konnte; das Pferd vermochte er nicht zu wenden und selber nicht abzusteigen und mußte da eingesperrt bleiben. So war sein Lebensweg zu Ende, wenngleich nicht sein Leben.

Da nun der Älteste auf sich warten ließ und nicht heimkam, sagte der Zweite: „So will ich ausziehen und das Wasser des Lebens suchen!" und dachte bei sich, das ist mir eben recht, ist der tot, so fällt mir das Erbe zu. Also zog er gleichen Weges fort und begegnete demselben Zwerg, der hielt ihn wieder an und fragte: „Wohinaus so geschwind?"

„Dummer Knirps", sagte der Junge, „das brauchst du nicht zu wissen", und ritt in seiner Überheblichkeit fort, verlor sich aber ebenso in den Schluchten, bis er weder vor noch zurück konnte.

Wie nun auch der Zweite ausblieb, sagte der Jüngste, er wolle ausziehen und das Wasser des Lebens holen, und er tat so. Als er den Zwerg auf seinem Wege traf, und der fragte: „Wohinaus so geschwind?", rümpfte er nicht die Nase, sondern antwortete ihm: „Ich suche das Wasser des Lebens, weil mein Vater sterbenskrank ist."

„Weißt du denn, wo das zu finden ist?"

„Nein", sagte der Junge.

„So will ich dir's sagen, weil du mir ordentlich Rede gestanden hast: Es quillt aus einem Brunnen, in einem verwünschten Schloß, von Hindernissen umlagert, und damit du dazu gelangst, gebe ich dir da eine eiserne Rute und zwei Laibe Brot. Mit der Rute schlag dreimal an das eiserne Tor, so wird es aufspringen. Inwendig werden dann zwei Löwen liegen und den Rachen aufsperren. Wenn du ihnen aber das Brot hineinwirfst, wirst du sie stillen. Und dann eile dich, und hol vom Wasser des Lebens, ehe es zwölf schlägt, sonst geht das Tor wieder zu, und du bleibst eingesperrt."

Da dankte ihm der Junge, ging hin und fand alles, wie der Zwerg gesagt hatte. Er überwand das Tor und die Löwen und schritt durch die Gänge und Räume des Schlosses, ein um das andere Mal versucht, zu verweilen und sein Ziel zu vergessen. Da war ein großer Saal mit Kostbarkeiten, die er mißachtend zurückließ. Und weiter kam er in ein Zimmer, darin war eine Prinzessin, die freute sich, als sie ihn sah, küßte ihn und sagte, er möge wiederkommen und sie heiraten. Sie sagte ihm auch, wo der Brunnen wäre mit dem Lebenswasser, er müsse sich aber eilen und daraus schöpfen, ehe es zwölf schlüge.

Da ging er weiter und kam endlich in ein Zimmer, darin stand ein schönes, frischgedecktes Bett, und weil er müde war, wollte er sich erst ein wenig ausruhen. Also legte er sich und schlief ein, wie er aber erwachte, schlug es drei Viertel auf Zwölf. Da sprang er ganz erschrocken auf, lief zu dem Brunnen und schöpfte sich einen Becher, der daneben stand, voll und eilte, daß er fortkam. Wie er eben zum eisernen Tor hinausging, da schlug's zwölf, und das Tor fuhr zu, so heftig, daß es ihm noch ein Stück von der Ferse wegnahm.

Hubertus Halbfas[4]

Dieses Märchen ist eindrucksvolles Beispiel dafür, wieviel Entschiedenheit, Tapferkeit, Gelassenheit und Ausdauer vonnöten sind, um ans Wasser des Lebens zu gelangen. Im übertragenen Sinn: Ich muß mich auf die Suche machen nach der heilenden Kraft der Taufe, dem Anfang des christlichen Weges. Zugleich zeigt dieses Märchen an, welche Bedeutung das Wasser bei der Taufe hat: neues Leben, heilende Kraft.

Übrigens: Es ist verhältnismäßig leicht, die Aussage „Wasser spendet Leben" Kindern im Kindergartenalter verständlich zu machen. *Ein* Versuch sieht so aus: Wir säen Kresse in zwei Schalen. Die eine begießen wir mit Wasser, die andere bleibt trocken. Nach wenigen Tagen zeigt sich die Wirkung: Wasser spendet Leben!

Bei der Tauffeier bringe ich manchmal zwei „Auferstehungs-blumen" mit, auch „Rose von Jericho" genannt: die eine trok-ken und geschlossen und die andere durch Wasser geöffnet.

Die „Auferstehungsblume" kann jahrelang trocken lagern. Sobald sie aber in Wasser gelegt wird, entfaltet sie sich. – So hat auch die Taufe einen unauslöschlichen Charakter: Jahre-lang kann einer keinen Gebrauch machen von diesem Geschenk, bis ein Ereignis oder ein Mensch diese lebendige Wurzel ausschlagen läßt.

Eine der Blumen lege ich ca. eine Stunde vorher in heißes Wasser: Sie öffnet sich zusehends. Dazu sage ich dann den Eltern und Paten: „Die Taufe ist wie ein erster Guß an das Bäumchen, das wir nennen könnten: ‚Hab keine Angst! Jesus nimmt dich an die Hand und geht mit dir durchs Leben.' Ob es eine bestimmende Hilfe für das Kind wird, hängt davon ab, ob weitere Wassergüsse die Wurzel des Bäumchens treffen, d. h. unter anderem ob Ihre christlichen Worte und Taten sowie glaubwürdige Zeugen dem Kind erfahrbar werden. Aber selbst wenn das nicht der Fall ist, bleibt die Wurzel ein Leben lang lebendig und dürstet – wie diese ‚Auferstehungsblume' – nach Wasser, um endlich aus-schlagen zu können."

Jesus will wie lebendiges Wasser sein. Sein Wasser schenkt ewiges Leben (vgl. Joh 4, 14). Seine Kraft beendet unsere Unbeweglichkeit. Wenn es uns treibt, können wir anderes in Bewegung setzen – wie ein Mühlrad Strom erzeugt.

Sie fragen an dieser Stelle, warum Christen so wenig bewirken? Vielleicht gibt die folgende Kurzgeschichte darauf eine Antwort:

Wir gleichen den Kieselsteinen

Ein Inder saß eines Tages am Ufer eines Gebirgsbaches im Himalaja. Er schaute auf die Wellen, freute sich über das klare Wasser und zog schließlich einen Kieselstein aus dem Flußbett. Einen schönen, runden, harten Stein. Er zerschlug ihn und stellte fest, daß er innen ganz trocken war. Der Stein hatte doch Jahrhunderte, Jahrtausende im Wasser gelegen, doch es war nichts ins Innere vorgedrungen.

Und er begann zu meditieren: Ist es nicht ebenso mit uns Menschen? Umflutet von den Segnungen der Religionen, doch wie hart sind die Menschen geblieben! Die Schuld liegt offenbar nicht an den Religionsstiftern oder ihren Lehren, sondern an denen, deren Herzen verhärtet sind!

Als er dieses Gleichnis einem christlichen Missionar erzählte, wurde dieser traurig und einsilbig. Der Inder hatte den Finger auf die Wunde gelegt. Doch da umarmte er ihn und murmelte: „Es geht uns allen so, allen Menschen aller Religionen! Wir gleichen den Kieselsteinen im Bergbach ...“

Ein ähnliches Beispiel: In einem Gespräch mit einem Seifenfabrikanten wies ein Priester auf ein schmutziges Kind am Straßenrand hin und bemerkte: „Seife hat nichts erreicht. Es gibt immer noch Schmutz und schmutzige Menschen in der Welt.“ Der Fabrikant entgegnete: „Natürlich nützt Seife nur, wenn sie angewendet wird!“ Der Priester lächelte: „Christentum auch!“

Nach Gisbert Kranz

„Wasser spendet Leben“ heißt die Überschrift dieses Kapitels. Es wäre oberflächlich, an dieser Stelle nicht auch einen Blick darauf zu werfen, wie gefährdet das Wasser ist. Die Beseitigung der chemischen und radioaktiven Abfälle, die Überdüngung der Felder, die Müllberge und die Öltankerkatastrophen haben sich lebensbedrohend auf unser Lebenselixier „Wasser“ ausgewirkt. Denken wir z. B. nur an die Fischerfamilien in Alaska, die jahrelang gegen die Folgen der Tanker-Katastrophe vom Karfreitag 1989 ankämpfen müssen: 1500 Kilometer einst paradiesischer Küste hatte der leckgeschlagene Tanker schwarz gefärbt. Für die Bewohner brach eine Welt zusammen, ein Naturparadies wurde vernichtet, der Konzern aber – brauchte nur leichte Ertragseinbußen hinzunehmen. Fast möchte ich hier die Karikatur abdrucken, die einen Mann mit Schild an einem Rohr zeigt, das Unrat ins Meer schüttet. Auf dem Schild steht der Text: „Ordnungsstrafen werden regelmäßig überwiesen. Die Werksleitung."

Sicherlich brauche ich keine weiteren Beispiele aufzuzählen, blättern Sie nur einen Monat lang in Tageszeitungen und Illustrierten, und Sie werden neue alarmierende Gefährdungen erfahren. Die Algenplage und das Absterben der Meere und Seen sind warnende Signale, daß es schon fünf Minuten *nach* zwölf ist. Erfreulich, daß die Öffentlichkeit wenigstens in unserem Land wach geworden ist; der Greenpeace-Aufkleber mag als Symbol dieser Gegenbewegung stehen:

5farbig, 12 cm Durchmesser, zur Zeit DM 3,–. Bestell-Nr. 20017 beim Greenpeace-Umweltschutzverlag, Deichstr. 17, 2000 Hamburg 11.

Nur wenn wir vom ehrfurchtslosen, rein technischen Umgang mit Wasser als H_2O wegkommen und uns auch seiner sakramentalen Bedeutung wieder bewußt werden, kann die Menschheit auf Dauer überleben. Ein Ereignis aus Hamburg steht beispielhaft für die Umkehr auf den richtigen Weg:

Die Wasserweihe

Die Griechisch-Orthodoxe Metropolie in Deutschland und die Arbeitsgemeinschaft christlicher Kirchen feierten im Jahre 1988 gemeinsam in Hamburg den Tag der Taufe des Herrn. Dabei tauchte ein Geistlicher vom Schiff aus ein Altarkreuz dreimal in die dunklen Wasser der Elbe und betete:

„Da wir das Kreuz des Herrn in die Gewässer dieser Stadt tauchen, bekennen wir, daß alle Dinge Gottes Eigentum sind. Er hat sie uns anvertraut als guten Haushaltern. Das Wasser wie das Ackerfeld und der Weinberg gehören nicht uns. Sie sollen uns, den guten Verwaltern, Frucht bringen. Wir bedürfen des Wassers zu unserem Leben, und wir pflegen das Wasser in den großen Wasserwerken dieser unserer Stadt. Aber wir gehen auch lieblos mit den Gewässern um. Wir lassen sie unseren Schmutz, unsere Abfälle forttragen und fordern wie ein Despot mehr von ihnen, als sie zu leisten vermögen. Damit wir Mut und Kraft finden, uns von unserer Gewaltherrschaft über die Gewässer zu befreien, die uns und der Natur zum Verhängnis wird, heiligen wir das Wasser durch das Kreuz. In diesem starken Zeichen sagen wir uns los von unserem lieblosen Mißbrauch der Schöpfung ... Wir haben keine Vollmacht zu zerstören, sondern zu bewahren."[5]

Der maßlose Konsum, der Lärm und Streß, kurz der „Wachstumsgott" hat nicht nur bereits unsere Umwelt zerstört, er unterdrückt auch die Regungen unseres Herzens und der Seele. Es ist fast wie im Märchen der Brüder Grimm „Der Teufel mit den drei goldenen Haaren": Keiner weiß, warum der Marktbrunnen einer großen Stadt, aus dem sonst Wein(!) quoll, trocken geworden ist und nicht einmal mehr Wasser gibt. Die Lösung, dem Teufel entlockt, lautet: „Es sitzt eine Kröte unter einem Stein im Brunnen; wenn sie die töten, so wird der Wein schon fließen!" Auf unsere Situation übertragen würde das bedeuten: Dieser Wachstumsgott mit seinen wahnsinnigen Ansprüchen sitzt auf der Lebendigkeit und Kraft unserer Seele, so daß unser eigentliches Lebenswasser versickert. Erst muß diese Kröte, manchmal ist es schon ein Drache, getötet werden, bevor unsere Lebensenergie wieder sprudelt. Manchmal genügt es bereits, daß ein Mensch, der erstarrt oder versteinert ist, wieder weinen kann ...

Auch innerhalb der Kirche droht die Erstarrung mehr und mehr durch Gesetzesdenken oder einen neuen Fundamentalismus (= Erfüllung des Buchstabens in Bibel und Bestimmungen). Ob aus der manchmal erstarrten Kirche wieder ein lebendiges Rinnsal herauskommen kann, so wie es der Prophet Ezechiel in der Vision von der Tempelquelle umschreibt?: Unter der Tempelschwelle strömt Wasser hervor, das schließlich die harten Mauern des Tempels flüssig werden läßt, bis diese Ströme des lebendigen Wassers die Menschen wieder tragen (Ez 47, 1–6 a). Ein moderner Lyriker unserer Tage, Wilhelm Willms, hat in diesem Zusammenhang eine Jesusstelle dichterisch umschrieben, die lautet: „Wer Durst hat, komme zu mir, und es trinke, wer an mich glaubt. Wie die Schrift sagt: Aus seinem Innern werden Ströme von lebendigem Wasser fließen ...!" (Joh 7, 37–43).

Der lebendige Tempel

es war am letzten tag
des laubhüttenfestes
da war riesenbetrieb
im tempel zu jerusalem
die menschen strömten nur so hinein
um die große
wasserliturgie mitzumachen
ein herrliches liturgisches spiel

und jeder glaubte
gott mit diesem ritual ehre zu erweisen
und kaum einer zweifelte
an dem sinn dieses imposanten spieles
und als jesus die leute
so emsig laufen sah
da stellte er sich etwas abseits
vom tempel
und rief den leuten zu 〉
hallo hallo
was rennt ihr da
zu diesem toten tempel
was soll das ganze
kommt zu mir
ich bin ein lebendiger tempel
in dem gott wirklich wohnt
kommt und verbindet euch mit mir
dann werdet ihr auch lebendige tempel
und dann werdet ihr spüren
wie aus eurem innern
lebendiges wasser hervorströmt
von dem die menschen
in ihren wüsten trinken können
und dann nicht verdursten
ihr müßt lebendiges wasser werden
in dem sich die menschen
waschen können
und von dem sie trinken können
dann seid ihr lebendige tempel
und weil jesus die leute so vom tempel
weglockte zu sich hin
deshalb entstand eine spaltung
die einen sagten der muß weg
der ist vom teufel
die anderen die ihn wirklich probierten
die schmeckten

daß das was von diesem jesus ausging
nicht vom teufel sein konnte
das schmeckte nach gott
und dieser jesus steckte viele an
er war wahrhaftig
der neue flüssig gewordene tempel
der links oder rechts ich weiß nicht
(damals waren die bezeichnungen
wie „die linken" und „die rechten"
noch nicht so gebräuchlich)
der also links oder rechts
vielleicht auch ganz aus der mitte
des alten tempels hervorbrach
unglaublich
und unvermutet
wie ein wunder
erst ein paar tropfen
dann ein rinnsal
dann ein bach ein fluß ein strom
ein meer ...
hoffen wir daß es nochmals passiert
warum nicht

Wilhelm Willms[6]

Jeder, auch die Kirche, braucht ständig eine Wiedergeburt, eine tägliche Wiedergeburt im Geiste Jesu.
Damit möchte ich dieses Kapitel abschließen: Wer Taufe wieder verstehen lernen will, muß zuerst zum Staunen über das Wasser und zum Danken für dieses lebenspendende Element kommen. Als Menschen des Überflusses haben wir sicherlich Schwierigkeiten, zu unseren Quellen zurückzukehren. Welche Sicht der Dinge gemeint ist, soll folgende Begebenheit aus dem Leben des hl. Franziskus aufzeigen:

Danksagen für Wasser und Brot

Der heilige Franz und sein Bruder Masseo trafen sich vor der Stadt zum Essen, wo eine schöne Quelle sprang, und daneben war ein breiter, schöner Stein, der ihnen sehr gefiel. Auf den legten sie ihr Brot, das sie geschenkt bekommen hatten.

„O Bruder Masseo", sagte der heilige Franz, „wir sind eines so großen Schatzes gar nicht wert", und diese Worte wiederholte er mehrere Male. Da erwiderte Bruder Masseo: „Wie kann man da von einem Schatz reden, wo so viel Armut ist? Hier ist kein Tischtuch, kein Messer, kein Fleischbrett, keine Schüssel, keine Hütte, kein Tisch, kein Diener, keine Magd."

Da sprach Franz: „Das gerade ist es, was ich für einen großen Schatz halte: Was hier ist, ist durch Gottes Güte bereitet, wie zu sehen ist am Brot, das uns geschenkt wurde, am Steintisch, der so herrlich ist, an der Quelle, die so klar sprudelt. Und darum will ich, daß wir dies alles liebgewinnen von ganzem Herzen."[7]

Der Lobgesang der drei jungen Männer

Preist den Herrn, all ihr Wasser über dem Himmel;
lobt und rühmt ihn in Ewigkeit!
Preist den Herrn, aller Regen und Tau;
lobt und rühmt ihn in Ewigkeit!
Preist den Herrn, Frost und Hitze;
lobt und rühmt ihn in Ewigkeit!
Preist den Herrn, Tau und Schnee;
lobt und rühmt ihn in Ewigkeit!
Preist den Herrn, Eis und Kälte;
lobt und rühmt ihn in Ewigkeit!
Preist den Herrn, Rauhreif und Schnee;
lobt und rühmt ihn in Ewigkeit!
Preist den Herrn, ihr Blitze und Wolken;

lobt und rühmt ihn in Ewigkeit!
Preist den Herrn, ihr Meere und Flüsse;
lobt und rühmt ihn in Ewigkeit!
Preist den Herrn, ihr Tiere des Meeres
und alles, was sich regt im Wasser;
lobt und rühmt ihn in Ewigkeit!
Preist den Herrn, Hananja, Asarja und Mischael;
lobt und rühmt ihn in Ewigkeit!
Denn er hat uns aus der Unterwelt entrissen
und aus der Gewalt des Todes errettet.

Gekürzt: Dan 3, 60–88

II. Wasser ist gefährlich

Wasser kann nicht nur Leben bringen, es kann auch gefährlich, ja todbringend sein:

- Nur, wo Wasser ist, können Menschen sich ansiedeln. Wenn aber bei Hochwasser Bäche und Flüsse zu reißenden Strömen werden, können sie für Mensch und Tier Gefahr bedeuten.
- Wasser trägt. Wer aber in einen Strudel gerät, kann in die Tiefe gezogen werden.
- Unser Körper braucht täglich mehr als zwei Liter Wasser, um gesund zu bleiben. Wenn dieses Wasser aber verseucht ist, kann es heimtückische Krankheiten bringen.
- Die Meere sind Ursprung allen Lebens. Wenn aber das Salzwasser die Äcker überschwemmt, wird das Land unfruchtbar.

Wasser ist gefährlich. Jedes Jahr neu hören wir die Katastrophenberichte über Flutwellen, Sturmfluten an der Küste und Murenabgängen in den Bergen, darum soll ein Einzelschicksal hier folgen – stellvertretend für alles Leid, das durch Wasser entstehen kann:

Aus einem Andenland

Da drüben lag Ascencio. Zehn Jahre alt.
In der Hängematte haben sie ihn gebracht.
Von einer giftigen Schlange, einer Coral gebissen.
Und schrie, daß es durch Mark und Bein ging, eine Stunde, fünf Stunden.
Da hält es der Vater nicht mehr aus und stößt mit seiner Canoa in den Fluß.
Der tobt und schäumt – wie die Hölle –

und ihn trennt vom Arzt, der das heilende Serum hat,
am anderen Ufer.
Die Canoa schießt flußabwärts – wie ein Pfeil.
Wir haben den Vater nie mehr gefunden.
Die ganze Nacht schreit Ascencio, bis er heiser und
leiser wird.
Dann Totenstille.
Jetzt ist Trockenzeit.
Wir bauen eine Brücke.[8]

Auch die Bibel kennt Tod und Leben, verursacht durch das
Wasser: Wer aber aus dem Wasser gerettet wird, darf
neu leben. So werden biblische Berichte zum Sinnbild
für die Taufe. Denn taufen kommt von tauchen, untertauchen:

- Die Sintflut (= die große Flut: Gen 7, 17–8, 22) läßt die
  Menschen der Sünde versinken; die überleben, gehen als
  neue Menschen hervor. – Ein Vorgang, der sich auch in
  unserem Inneren abspielen kann: Welches „Land" muß
  ich verlassen, wenn ich als „neuer Mensch" ans Ufer steigen will ...?
- Der Durchzug durch das Rote Meer (Ex 13, 17–14, 31),
  ähnlich der Durchzug durch den Jordan (Jos 3): Das Wasser, das richtet und rettet, tötet und lebendig macht,
  bedeutet das Ende der ägyptischen Knechtschaft und
  befreit zum Weg ins „Gelobte Land". Ähnlich ist es in
  einer Erwachsenentaufe, wenn der alte Mensch mit seinem
  Starrsinn und seiner Herzenskälte, seinen Fehlern und
  Schwächen untergehen muß, um als neuer Mensch aufzu-
  tauchen, der zu Jesus Christus gehört.
- Der ungehorsame, störrische Prophet Jona (Buch Jona),
  der vor Gott wegläuft und seinen Auftrag nicht erfüllen
  will, geht unter und wird vom Wal verschluckt. Aber das
  Ungeheuer, das ihm den Tod bringen kann, spuckt ihn
  wieder aus. Heraus kommt ein neuer Jona, der Gott dienen
  will.

Viele Symbolgeschichten aus dem Alten Testament, auch unter anderen Bildern, wie „die Männer im Feuerofen" oder „Daniel in der Löwengrube", umschreiben die Errettung *aus* dem Tod – nicht vor dem Tod. Es sind Bilder des Lebens gegen den Tod.

Der Taufstein, halbkugelig wie die untere Hälfte der Erde, symbolisiert in Wasser und Fisch den Todesschlund, aus dem Jesus zu neuem Leben ruft. Auf manchen Taufbrunnen ist ein Hirsch dargestellt, der aus einer Quelle trinkt (vgl. Ps 42, 2). Nach volkstümlicher Naturvorstellung hatte der Hirsch auch die Eigenschaft, Schlangen (= Teufel) zu vertilgen.

Taufe befreit uns von den todbringenden Wassern, von der Erbsünde, diesem belasteten Begriff, auf den ich weiter unten noch eingehe. Jetzt wird verständlich, warum im Urchristentum und heute noch in der russisch-orthodoxen Kirche oder vielen christlichen Gemeinschaften durch Untertauchen getauft wird. Das Eintauchen bedeutet den Tod des alten Menschen, das Auftauchen die Auferstehung des neuen Menschen in Christus. Im Römerbrief finden wir eine ganze Passage dazu:

„Wißt ihr denn nicht, daß wir alle, die wir auf Christus Jesus getauft wurden, auf seinen Tod getauft worden sind? Wir werden mit ihm begraben durch die Taufe; und wie Christus durch die Herrlichkeit des Vaters von den Toten auferweckt wurde, so sollen auch wir als neue Menschen leben. Wenn wir nämlich ihm gleich geworden sind in seinem Tod, dann werden wir mit ihm auch in seiner Auferstehung vereinigt

sein. Wir wissen doch: Unser alter Mensch wurde mitge-
kreuzigt, damit der von der Sünde beherrschte Leib vernichtet werde und wir nicht Sklaven der Sünde bleiben. Denn
wer gestorben ist, der ist frei geworden von der Sünde. Sind
wir nun mit Christus gestorben, so glauben wir, daß wir
auch mit ihm leben werden" (Röm 6, 3–8).
Lesen Sie, wie im ersten Jahrhundert getauft wurde:

Taufspendung in der frühen Kirche

Dann legen die Täuflinge sämtliche Kleider ab, wahr-
scheinlich in den Nischen des Rundgangs oder in den
Nebenräumen. Sie lösen ihr Haar und legen ihren
Gürtel ab. Keine Haarnadel bleibt auf ihrem Kopf,
kein Hänger an den Ohren, kein Ring am Finger, kein
Amulett um den Hals. Sie betreten den mystischen
Mutterschoß, wie sie den irdischen Mutterschoß verlassen haben. Jeder ist von Kind an durch das Leben
in den Thermen an diese Unbefangenheit gewöhnt –
man schläft ja auch zu Hause nackt unter der Decke.
Die Männer stehen auf der einen Seite, auf der anderen
die Frauen, die von den Diakonissen und älteren
Frauen bedient werden. Einer nach dem anderen steigen sie im Lampenschein durch die ein wenig zurück-
geschobenen Vorhänge die Stufen hinunter in das strö-
mende Wasser, wobei ihnen die Subdiakone und
Taufpaten behilflich sind. Erst kommen die Kinder,
dann die Männer und schließlich die Frauen. Der Täufling muß, wie der Bischof sagt, „hinabsteigen, denn
die Teilnahme an den Leiden des Herrn verlangt
Demut". Das Becken ist nicht tief. Das Wasser reicht
einem Knaben, der aufrecht auf dem Mosaikboden der
piscina steht, bis zur Brust, einem Erwachsenen kaum
bis zum Nabel. Dann klingen die uralten Fragen auf:
Glaubst du an den Vater? Glaubst du an den Sohn?

Glaubst du an den Heiligen Geist? Glaubst du an die heilige Kirche, den Nachlaß der Sünden, die Auferstehung – und die inbrünstige Antwort: Ich glaube! Dreimal wird der Täufling im Wasser getauft, das erste Mal im Namen des Vaters, dann im Namen des Sohnes und schließlich im Namen des Heiligen Geistes.[9]

Taufe heißt also: Gott reißt uns in Jesus Christus heraus aus den todbringenden „Wassern". Im Gekreuzigten stellt er sich auf unsere Seite, immer dann, wenn unser Leben bedroht ist. Taufe ist ein Neuanfang, ein Auferstehen in Jesus Christus – jetzt schon.

Ob das Kind dieses bedrohende Böse im Leben weiterhin als „neuer Mensch" durch das Gute überwinden kann, hängt von unserem Vorbild und Beispiel ab (siehe „Hauskirche", S. 78 f).

Es gibt eine Geschichte, eine Verwandlungsgeschichte, die etwas von diesem Geheimnis der Taufe aufleuchten läßt: Der alte Mensch muß erst sterben, bevor er als neuer Mensch zum Segen wird. Das Vertrauen-Können spielt dabei eine wichtige Rolle:

Sich verwandeln lassen

Ein Fluß wollte durch die Wüste zum Meer. Aber als er den unermeßlichen Sand sah, wurde ihm angst, und er klagte: „Die Wüste wird mich austrocknen, und der heiße Atem der Sonne wird mich vernichten, oder ich werde zum stinkenden Sumpf."

Da hörte er eine Stimme, die sagte: „Vertraue dich der Wüste an." Aber der Fluß entgegnete: „Bin ich dann noch ich selbst? Verliere ich nicht meine Identität?" Die Stimme aber antwortete: „Auf keinen Fall kannst du bleiben, was du bist."

So vertraute sich der Fluß der Wüste an. Wolken sogen ihn auf und trugen ihn über die heißen Sandflächen. Als Regen wurde er am anderen Ende der Wüste wieder abgesetzt. Und aus den Wolken floß ein Fluß, schöner und frischer als zuvor. Und der Fluß freute sich und sagte: „Jetzt bin ich wirklich ich."[10]

Es gibt auch eine Legende, in der ein Mann mit all seinen Irrungen und Wirrungen unter das Wasser gedrückt wird, aber mitten in Untergang und Lebensgefahr beginnt sein neues Leben im bewußteren Dienst an Christus.

Die Legende von Christophorus

Ein Mann will nur dem Stärksten in der Welt dienen. Er macht sich auf die Suche. Zuerst dient er einem mächtigen König. Aber beim Lied eines durchreisenden Bänkelsängers beobachtet er, wie der König beim Wort „Teufel" zusammenzuckt. Zur Rede gestellt, bekennt der König, daß er nur vor einem in der Welt Angst hat, vor dem Satan.
Und „Phorus", wie der fragende Mann genannt wird, macht sich auf die Suche nach dem Bösen. Er tritt in den Dienst eines gefürchteten Bandenchefs, der mit seiner Truppe raubend und mordend durch die Lande zieht, bis auch dieser einem Kreuz am Wege ausweicht. Jetzt sucht Phorus natürlich nach dem, der noch stärker ist. Aber die Suche gestaltet sich schwierig. Erst ein Einsiedler gibt ihm den Hinweis, er solle die Menschen durch den angrenzenden reißenden Fluß tragen, weil er so groß und stark sei. Dann diene er Christus, dem höchsten Herrn.
Eines Nachts hört er eine Kinderstimme rufen: „Phorus, hol mich rüber!" Vor seiner Hütte kann er aber

niemanden finden. Erst beim dritten Ruf sieht er ein Kind, das er auf seine Schultern setzt. Im Wasser wird ihm die Last immer schwerer, das Wasser wird höher und höher; er fürchtet zu ertrinken und glaubt, die ganze Welt läge auf seinen Schultern.

„Mehr als die Welt trägst du auf deinen Schultern", sagt ihm das Kind, „du trägst den Herrn, der diese Welt erschaffen hat. Ich bin Jesus Christus, dem du in dieser Arbeit dienst." Und Jesus taucht ihn unters Wasser. So tauft er ihn. Auf sein Geheiß hin steckt Christo-Phorus (= Christusträger) seinen Stab in den Boden, der am nächsten Morgen grünt und blüht und Früchte trägt. Sein Leben stellt er hinfort ganz in den bewußten Dienst an Christus.

Untergetaucht wird übrigens der Mensch nach der Geburt in allen Religionen! Dazu tritt dann aber immer ein Weihegebet, das zum natürlichen Element die übernatürliche, göttliche Kraft hinzuerbittet. Selbst die Johannestaufe im Jordan bezweckte Erneuerung und Wiedergeburt. Die christliche Taufe führt die Umkehr des Herzens weiter, also die ständige Auseinandersetzung mit den dunklen Mächten in uns: Die Kirche tauft auf den Namen des Vaters und des Sohnes *und* im Heiligen Geist, der uns von der Schwerkraft des Bösen befreien soll. Wer die Taufe ernst nimmt, ist bereit, sich im Kraftfeld dieses Heiligen Geistes schmieden und umformen zu lassen. So eine Verwandlungsgeschichte haben wir im Leben des Apostels Petrus vor Augen: Er, der bis zum Tode Jesu an den wichtigsten Stellen seines Lebens versagt hat, wurde vom auferstandenen Jesus zu seinem Stellvertreter ernannt und reißt am Pfingstfest mutig die Türen auf, um Zeugnis zu geben.

Welche Freude, wenn auch der Täufling eines Tages Feuer fängt und von Jesus Christus be*geist*ert ist!

III. Wasser reinigt

In allen Religionen bewirken die rituellen Waschungen Reinigung: Der Muslim wäscht sich vor dem Betreten einer Moschee, der Inder reinigt sich im Ganges, der katholische Christ nimmt Weihwasser am Eingang der Kirche. Diese Handlungen sind aber nicht oberflächlich als nur körperliche Reinigung einzuordnen, sie beabsichtigen mit der äußeren Geste eine innere Wirkung: Wandle dich, erneuere dich, heilige dich! Waschungen hatten schon immer diese tiefere Bedeutung, auch nach der Geburt oder nach dem Tod. Irgendwie waren Menschen zu allen Zeiten sensibel für ein solches Zeichen: Von der Waschung des Verstorbenen als letzter Geste der Zärtlichkeit bis hin zum griechischen Mythos, in dem der Verstorbene im Tod das große Wasser überqueren muß, das Wasser des Vergessens, das die belastenden Taten des Toten abspült, um ihn dann befreiter an die Pforten der Unterwelt gelangen zu lassen.

Auch zahlreiche Stellen im Alten Testament erinnern an diese Reinigung: „Entsündige mich (durch Besprengung) mit (einem) Ysop(büschel), dann werde ich rein; wasche mich, dann werde ich weißer als Schnee" (Ps 51, 9); oder: „Ich gieße reines Wasser über euch aus, dann werdet ihr rein. Ich reinige euch von aller Unreinheit und von allen euren Götzen" (Ez 36, 25).

Im „Asperges", dem früheren Besprengen vor dem Hochamt mit Weihwasser, wurden diese Gedanken der Hl. Schrift lebendig gehalten. In der christlichen Taufe spielt dieser Reinigungsgedanke bestimmend mit: Alle alte Schuld wird abgewaschen.

An dieser Stelle scheint mir ein Wort zur „Erbsünde" (oder „Erbschuld") angebracht: Wer hat nicht schon darüber verständnislos den Kopf geschüttelt, wenn er hörte: Da soll so ein unschuldiges Kind mit der sogenannten „Erbsünde" belastet sein, weil in unvorstellbarer Vorzeit Adam und Eva (= symbolische Namen für die ersten Menschen) etwas Verbotenes getan haben!? Was soll das denn für ein Gott sein, der durch Jahrtausende etwas nachträgt, für das heute doch keiner mehr verantwortlich gemacht werden kann?

Überlegen Sie, ob vom folgenden Ansatz „Erbsünde" nicht verständlicher wird: Jeder Mensch wird in eine „zerbrochene" Welt geboren, gewissermaßen eingetaucht, in der ihm nicht nur die Vergiftung von Luft, Wasser und Erde, sondern vor allem Krieg, Konkurrenzdenken, Schmerz, Krankheit, Leid, Katastrophen, Tod ... zusetzen. Wo gibt es denn noch heiles Leben? Wir brauchen doch nur die täglichen Nachrichten zu hören! Und diese kranke Welt, in der das Böse so mächtig ist, wird *von Generation zu Generation weitervererbt,* dann auch noch angereichert durch unser eigenes Versagen. Das färbt auf alle ab, die in diese Welt hineingeboren werden. (Man kennt auch den Begriff „Sündenverflochtenheit".) Doch trotz dieser Verstrickungen und der gegenseitigen Belastungen sind wir Menschen noch Ebenbilder Gottes. Wir sind verwundet – wie zerbrochene Spiegel, die aber immer noch die Herrlichkeit Gottes zeigen, vor allem in den Kindern. Gott reicht uns im Bußsakrament durch die Kirche die Hand und verzeiht unser Versagen. Durch die Kraft seiner Gnade befreit er uns von den Folgen der Schuld. Wir können froh und dankbar nach vorne schauen. („Erbsünde" wird also *nicht* durch biologische Vererbung weitergegeben.)

Übrigens: Zu Kaiser Konstantins Zeiten war es bei Erwachsenen üblich, die Taufe bis kurz vor den Tod hinauszuzögern, um gleichsam reingewaschen vor Gottes Angesicht zu treten. Bei dieser Reinigung geht es auch um eine wesentliche Umkehr in der Haltung, die in der Fußwaschung Jesu deutlicher wird. Jesus verrichtet an seinen Jüngern einen Sklavendienst, zu dem nicht einmal ein Leibeigener gezwungen werden durfte. In einer Demut ohnegleichen deutet Jesus seine

Hingabe bis in den Tod an. Petrus, der protestiert, bekommt zu hören: „Wenn ich dich nicht wasche, hast du keine Gemeinschaft mit mir!" (Joh 13, 8). Jesus gibt dieses Beispiel, damit alle, die auf seinen Namen getauft werden, auch so handeln, wie er gehandelt hat (vgl. Joh 13, 15). Es ist die Haltung, die unsere Welt retten und reinigen kann.

Wer in der Haltung der Demut geben und nehmen, nehmen und geben kann, trägt zur Heilung der Welt bei. Mit dem Blick auf die Auferstehung Christi wird es eine überfließende Freude.

Es gibt einen Brauch in Frankreich, der diese Weisheit behalten hat:

Neue Augen

In der Gegend von Piemont gibt es einen alten Brauch. Wenn am Morgen des Ostersonntags zum erstenmal die Glocken läuten, laufen Kinder und Erwachsene an den Dorfbrunnen und waschen sich die Augen mit dem kühlen, klaren Brunnenwasser.
Sie waschen sich die Augen aus: die „Ich-will-der-Erste-sein"-Augen, die „Geh-mir-aus-den-Augen"-Augen, die „Mit-dir-will-ich-nichts-zu-tun-haben"-Augen, die „Du-bist-mir-zu-blöd"-Augen. Sie wollen Osteraugen bekommen! Darum waschen sie die kalten

Blicke fort und die listigen, neidischen, mißtrauischen Blicke. All die Blicke, die Angst erzeugen. All die Blicke, die eine Gemeinschaft zerstören. Und das kalte Wasser, sagt man, schwemmt den Dreck des ganzen Jahres fort. Sie heben den Kopf und schauen sich an: mit gütigen Augen, wohlwollenden, verzeihenden Augen.

Nach Bernhard Langenstein[11]

IV. Das Wasser der Taufe

Das Urelement Wasser, das so kostbar ist für jene Zonen der Erde, in denen die großen Weltreligionen entstanden sind, spiegelt also schon die Bedeutung des Wassers der Taufe wider: Wasser spendet Leben, göttliches Leben – als Geschenk, als Gnade Gottes. Wasser spült das Alte, den alten Menschen der Sünde fort und rettet aus Tod und Untergang zu neuem Leben. Und Wasser reinigt, um zu erfrischen, zu erneuern, zu heilen und zu heiligen.

In der folgenden Geschichte, die für Kinder geschrieben wurde, begegnen uns alle diese Bedeutungen:

Lebendiges Wasser

Hiskija, ein Hirtenjunge, lebte zur Zeit der ersten Christen, kurz nach Tod und Auferstehung Jesu Christi. Eines Tages sah er, wie die Jünger am Jordan tauften. Er sah, wie Menschen untergetaucht wurden. Er hörte die Gebete, die die Jünger Jesu sprachen, und sah, wie sie den Getauften die Hände auflegten. Das beschäftigte ihn so, daß er dachte: „Jetzt muß ich einfach mal fragen, was die da unten am Jordan treiben, und warum sie das gerade so getan haben." Deshalb trieb er seine kleine Schafherde eilig auf einen Platz, der von einer Dornenhecke umgeben war, damit sie ihm nicht weglaufen konnte. Dann rannte er hinunter ins Dorf am Jordanufer, wo sein Onkel Eljakim wohnte. Der wußte eigentlich auf jede Frage eine Antwort.

Der Onkel saß vor seiner Hütte und schuppte Fische ab: zwei fette Jordankarpfen und eine gewichtige

Barbe, die sich aus dem See Gennesaret bis hierher verirrt hatte. Vor allem die Barbe hatte gewaltig gezappelt, als sie in Eljakims Netz geriet. Der aber grinste mit offenem Munde vor sich hin, so daß man alle seine Zahnlücken sah, weil er an die köstliche Suppe dachte, die er für sich und seine Familie aus der reichen Beute kochen würde.

„Hallo, Onkel Eljakim", rief Hiskija noch im Laufen, „ich habe eben etwas Seltsames erlebt!"

„Na, na", knurrte Eljakim, „nur nicht so hastig, sonst stolperst du noch und ziehst mit der Nase eine Furche durch den Boden".

„Ach, Onkel Eljakim, da waren Leute am Jordan, die haben anderen Leuten Wasser übergegossen und dazu gebetet."

„Die werden gebadet haben, und du hast das nicht richtig mitbekommen", meinte Eljakim und klatschte einen der Karpfen in den Suppentopf.

„Nein, die haben nicht gebadet, sondern gebetet, einander gesegnet und mit Wasser beschüttet!"

„Ach, so war das", sagte daraufhin der alte Eljakim, „die haben getauft!"

„Was heißt das, taufen?" fragte Hiskija.

„Nun, taufen heißt: sich Wasser übergießen lassen, einen Namen erhalten und in die Gemeinschaft der Christen aufgenommen werden. Sie glauben daran, daß man dadurch Kind Gottes wird und das ewige Leben gewinnt. Ich wurde seinerzeit auch getauft. Und zwar von einem sehr bekannten Propheten mit dem Namen Johannes, der, so erzählte man mir, auch Jesus Christus, den Rabbi, nach dem sich die Christen nennen, getauft haben soll. Der wurde später ans Kreuz geschlagen. Nun, das war schon vor vielen Jahren."

„So ist das also", stellte Hiskija fest, „aber warum muß es gerade Wasser sein?"

„Oh", sagte der Onkel Eljakim und beförderte die abgeschuppte und ausgenommene Barbe in den Kochtopf, „warum koche ich gerade Fische? Nun, weil sie mir als Suppe Kraft geben, weil sie mich sattmachen und weil ich mit einem ordentlichen Essen im Bauch arbeiten und leben kann."

„Das ist keine Antwort, Onkel Eljakim", meinte Hiskija enttäuscht.

„Doch, das ist eine", sagte der Onkel, „hast du schon einmal Durst gehabt und kein Wasser zum Trinken? Ja, dazu läßt sich vieles sagen; ich meine nur: Wasser schenkt uns Leben, wir können uns damit waschen und erfrischen. Wasser macht unsere Felder fruchtbar, es gräbt sich durch die Erde und poliert die Steine rund, es verändert alles und jedes. Na, und die Taufe soll die Menschen, die getauft werden, geistig verändern. Sie soll ihnen das Leben schenken, sie soll sie von ihren Sünden reinigen. Da paßt Wasser doch sehr gut, meinst du nicht auch?"

„Hm, ja", gab Hiskija etwas zögernd zu. So ganz war er noch nicht überzeugt. Eigenwillige, kleine Jungen sind halt nicht so leicht zu überzeugen. Sie kennen mehr Wenn und Aber, als man sich träumen läßt.

Hiskija verließ Eljakim, nachdenklich wanderte er ins Hügelland hinein. „Wasser lebt und macht lebendig, Wasser verändert alles und jedes", murmelte er. „Ist das wirklich so?" fragte er sich selbst. Die Antworten fand er erst viel später, und zwar alle auf einmal.

Das war, als er auf der Suche nach einem verlorenen Schaf in die Wüste hinausging und in einen Sandsturm hineingeriet. Vor diesem trockenen, heißen Sturm, dem aufgepeitschten und umherwirbelnden Sand verkroch er sich hinter einigen Steinbrocken, die eine Art Grotte bildeten. Lange hockte er da, und als sich der Sturm legte, fand er nicht mehr aus der Wüste heraus. Er irrte umher, hatte schreckliche Angst und noch schrecklicheren Durst. Die Sonne glühte wie in einem Backofen, der Sand flimmerte und blendete seine Augen. Hiskijas Kehle war ausgedörrt, seine Zunge geschwollen, seine Lippen platzten. Er war fast irre vor Durst und konnte nur noch eines denken: „Wasser ... Wasser ... Wasser ..."

Nach schier endlos sich hinziehenden, furchtbaren Stunden kam er endlich an eine Wasserstelle, einen kleinen Teich, den Dattelpalmen und etwas Gesträuch umgaben. Dort gab es Menschen und vor allem herrliches, kühles Wasser. Er trank und trank ... und fühlte sich wie wiedergeboren. „Wasser ist Leben", dachte er und wusch sich die Sandkrusten aus dem Gesicht und vom Körper. Er spürte, wie sauber, wie leicht man sich fühlt, wenn man allen Schmutz mit Wasser von sich abgespült hat. „Wasser macht rein", dachte er.

Als er einige Stunden danach wieder zum Jordan hinunterstieg und dort unweit der öden und leeren Wüste das fruchtbare Land sah, verstand er auch, wie Wasser verwandeln kann. Palmengruppen, Getreidefelder, Olivenhaine, Obstgärten, Gemüsepflanzungen, von silbernen Wasseradern in zahlreichen Gräben und Rinnen durchzogen, anstelle geriffelter Sandflächen, unfruchtbaren Kiesbodens und zerklüfteter Steinwildnis. „Wasser wandelt alles", dachte er. Auf seinem Weg nach Hause begriff er gleichzeitig, was die Taufe beim Menschen bewirkt: Sie gibt ihm ewiges Leben, sie wäscht ihn von Sünden rein, sie wandelt ihn zum Kind Gottes (und zum Freund Jesu).

Ich weiß nicht mehr, wo, wann und von wem sich Hiskija taufen ließ. Aber er wurde getauft, da bin ich sicher, und er wußte auch ganz genau, was die Taufe für ihn bedeutete.

Rüdiger Müller/Susanne von Schroeter[12]

Das Wasser, ein Urelement der Welt, in dem alle Keime zum Wachsen kamen, wird zum wichtigsten Symbol der Taufe. Besonders markant bleibt die Bibelstelle, in der Jesus dem Ratsherrn Nikodemus antwortet: „Wenn jemand nicht aus dem Wasser und dem Hl. Geist (wieder)geboren wird, kann er nicht in das Reich Gottes kommen" (Joh 3, 5).

Weil Wasser uns von allen Seiten umgibt und auch in uns fließt, wird es (und auch der Fisch) oft zum Gleichnis für unsere Aussagen von Gott und der Welt: „Wir leben in Gott wie die Fische im Wasser." Ähnlich sagt Paulus: „In ihm leben wir, bewegen wir uns und sind wir" (Apg 17, 28).

Da Menschen immer auf der Suche nach Gott sind, fängt folgende Geschichte Typisches ein:

Ohne Gott können wir nicht leben

Zwei kleine Fische spielten in einem Fluß miteinander. Da sagte plötzlich der eine mit etwas verwegener Miene: „Ich frage mich, was das Wasser eigentlich ist." Der andere Fisch antwortete: „Das weiß ich auch nicht, aber es interessiert mich; ich habe schon öfter über diese Sache nachgedacht. Weißt du was, wir werden einen Lehrer fragen."

Bald darauf kamen sie zur Schule der Fische und trafen den Lehrer, dem sie ihre Frage stellten. „Noch so jung", sagte der Lehrer, „und schon solch vernünftige Frage! Ihr werdet es noch weit bringen in unserer Welt. Aber was Wasser ist, das kann ich euch nicht sagen. Da müßt ihr zu einem Universitätsfisch gehen. Ich kenne da jemanden, einen ganz gelehrten Fisch, der müßte das eigentlich wissen."

Die beiden kleinen Fische beschlossen, der Sache auf den Grund zu gehen, und machten sich also auf den Weg. Voller Erwartung machten sie ihre Aufwartung bei dem gelehrten Fisch. Endlich würden sie eine Antwort auf ihre Frage bekommen. Nachdem sie ihr Problem vorgetragen hatten, blickte sie der Universitätsfisch mit viel Sympathie an und sagte: „Das ist die Grundfrage für uns Fische. Bei uns an der Universität wird viel darüber nachgedacht. In gewissem Sinn sprechen und diskutieren wir über nichts anderes. Viele Doktorarbeiten sind darüber geschrieben worden, und trotzdem müssen wir immer noch sagen: Was Wasser eigentlich ist, das wissen wir nicht."

Er sah die Enttäuschung und Entmutigung in den kleinen Fischaugen. Etwas bewegt vergaß er kurz die Würde seiner Wissenschaft und gab den jungen Fischen diesen Rat: „Irgendwo im Atlantischen Ozean, in den tiefsten Tiefen lebt ein ganz weiser Fisch, der weiseste von uns allen, ja ein prophetischer Fisch, der die Tiefe des Wassers und des Lebens durchschaut. Er ist ein außergewöhnlich begabter Fisch. Er wird euch anhören und kann euch aus seiner Lebenserfahrung vielleicht die Antwort geben."

Da die beiden Fischchen es ganz genau wissen wollten, setzten sie alles auf eine Karte und machten sich auf die lange Reise in den Atlantischen Ozean. Schließlich kamen sie zum Prophetenfisch, der voller Würde in den Tiefen des großen Meeres schwamm und seinen Gedanken nachhing. Die beiden Fischchen sprachen ihn an: „Können Sie uns sagen, was Wasser ist?"

Der alte, weise Fisch mußte ein wenig lächeln, dann sagte er: „Was Wasser ist, kann ich euch nicht sagen, aber eines weiß ich ganz bestimmt: Ohne Wasser können wir nicht leben. Aus dem Wasser sind wir gekommen, zum Wasser kehren wir wieder zurück."

Paul Schruers[13]

Der Fisch wird im Urchristentum schlechthin zum Symbol für Jesus Christus, vielleicht weil die Fische in seiner Verkündigung einen so wichtigen Raum einnehmen: Beim wunderbaren Fischfang (Lk 5, 1–11), bei der Speisung der Fünftausend mit fünf Broten und zwei Fischen (Mt 14, 13–21) oder im Wiedererkennen beim Mahl mit Brot und Fisch nach der Auferstehung am Meer von Tiberias (Joh 21, 1–14). Das griechische Wort für Fisch = ICHTHYS wird von der Urgemeinde so gedeutet: I = Jesus, CH = Christus, TH = Gott, Y = Sohn, S = Erlöser. Jesus wird zum Fisch, der uns durch das Meer der Zeit entgegengeschwommen ist, um uns zu retten: Mit ihm können wir Gott entgegenschwimmen.

Eine Geschichte aus dem Kindergartenbereich läßt sich sehr schön auf Jesus umdeuten. Erinnern Sie sich zunächst an diese bekannte und beliebte Geschichte von Leo Lionni:

Swimmy

Irgendwo in einer Ecke des Meeres lebte einmal ein Schwarm kleiner glücklicher Fische. Sie waren alle rot. Nur einer von ihnen war schwarz. Schwarz wie die Schale der Miesmuschel. Aber nicht nur in der Farbe unterschied er sich von seinen Schwestern und Brüdern: Er schwamm auch schneller. Sein Name war Swimmy.

Eines schlimmen Tages kam ein Thunfisch in diese Ecke des Meeres gebraust, ein schneller, grimmiger, überaus hungriger Bursche. Der verschlang alle kleinen roten Fische mit einem einzigen Maulaufreißen. Nur ein Fisch entkam ihm. Das war Swimmy.

Erschrocken, traurig und einsam wedelte der kleine Swimmy hinaus ins große, große Meer.

Nun ist das Meer aber voller wunderbarer Geschöpfe, die Swimmy in seiner heimatlichen Meeresecke nie gesehen hatte. Als der große Ozean ihm Wunder um Wunder vorführte, wurde er bald wieder so munter wie ein Fisch im Wasser. Ein Fisch im Wasser war er ja, wenn auch nur ein kleiner. Zuerst sah Swimmy die

Meduse, die Qualle. Er fand sie wunderbar. Sie sah aus, als wäre sie aus Glas, und sie schillerte in allen Farben des Regenbogens. Dann sah Swimmy eine Art lebenden Schaufelbagger. Das war der Hummer. Gleich darauf schwammen sehr seltsame Fische an ihm vorbei, leise und gleichmäßig, als ob sie von unsichtbaren Fäden gezogen würden. Dem kleinen munteren Swimmy waren sie ein bißchen unheimlich.

Bald aber war Swimmy wieder heiter. Er durchschwamm einen prächtigen Märchenwald. Einen Wald aus Meeresalgen, die auf bonbonbunten Felsen wuchsen. Swimmy kam aus dem Staunen nicht heraus. Jetzt nämlich begegnete er einem Aal, der ihm unendlich lang erschien. Als Swimmy endlich wild wedelnd am Kopf des Aales angekommen war, konnte er sich schon nicht mehr an die Schwanzspitze erinnern. Ein Wunder schloß sich ans andere an. Das nächste waren die See-Anemonen. Sie schwangen in der Strömung sanft hin und her, wie rosa Palmen, vom Wind bewegt.

Dann jedoch glaubt Swimmy seinen Augen nicht zu trauen: Er sah einen Schwarm kleiner roter Fische. Hätte er nicht gewußt, daß sein eigener Schwarm verschlungen und verschwunden war: Er hätte die Fische für seine Schwestern und Brüder gehalten. „Kommt mit ins große Meer!" rief er ihnen munter zu. „Ich will euch viele Wunder zeigen!"

„Geht nicht", antworteten die kleinen roten Fische ängstlich, „dort würden uns die großen Fische fressen! Wir müssen uns im sicheren Felsenschatten halten."

Die Antwort der kleinen roten Fische machte Swimmy nachdenklich. Er fand es traurig, daß der Schwarm sich nie hinaus ins offene Meer trauen durfte. „Da muß man sich etwas ausdenken!" dachte er. Und er dachte nach.

Er überlegte und überlegte und überlegte. Und endlich hatte er einen Einfall. „Ich hab's!" rief er fröhlich.

„Laßt uns etwas ausprobieren!"
Da Swimmy den kleinen roten Fischen gefiel, befolgten sie seine Anweisungen: Sie bildeten einen Schwarm in einer ganz bestimmten Form. Jedes Fischchen bekam darin seinen Platz zugewiesen. Als der Schwarm diese bestimmte Form angenommen hatte, da war aus vielen kleinen roten Fischen ein großer Fisch geworden, ein Fisch aus Fischen, ein Riesenfisch. Es fehlte dem Fisch nur das Auge. Also sagte Swimmy: „Ich spiele das Auge!" Dann schwamm er als kleines schwarzes Auge im Schwarm mit.
Jetzt traute der Schwarm sich endlich hinaus ins offene Meer, hinaus in die große Welt der Wunder. Niemand wagte mehr, sie zu belästigen. Im Gegenteil: Selbst die größten Fische nahmen vor dem Schwarm Reißaus. Und so schwimmen viele kleine rote Fische, getarnt als Riesenfisch, immer noch glücklich durch das Meer, und Swimmy fühlt sich in seiner Rolle als wachsames Auge sehr, sehr wohl.

Leo Lionni[14]

Dieser Swimmy-Fisch erinnert an Jesus, der ja den Weg zu Gott kennt und in dem wir stark sind. Darum kann die Swimmy-Geschichte leicht „christianisiert" werden, wenn bei einer visuellen Darstellung über „Swimmy" ein Christusbild als „Auge" geklebt wird. Ich habe schon viele dieser Darstellungen in Schulen oder Kirchen (bei der Erstkommunionfeier) gesehen, weil hier auch gut der Gemeinschaftscharakter herausgearbeitet werden kann: In der Taufe werden wir in die große Gemeinschaft der Christen um Jesus eingegliedert. In ihm sind wir stark. Bei ihm können wir uns wohlfühlen.

> *Kommt zu ihm, dem lebendigen Stein, der von den Menschen verworfen, aber von Gott auserwählt und geehrt worden ist. Laßt euch als lebendige Steine zu einem geistigen Haus aufbauen, zu einer heiligen Priesterschaft ...*
> *(1 Petr 2, 4.5).*

> *Ich bin der Weinstock, ihr seid die Reben.*
> *Wer in mir bleibt und in wem ich bleibe,*
> *der bringt reiche Frucht; denn getrennt von mir*
> *könnt ihr nichts vollbringen (Joh 15, 5).*

Der Fisch wird sogar zum Geheimzeichen der ersten Christen, die sich in den Katakomben verstecken müssen. Der Schriftsteller Willi Fährmann hat zu diesem Erkennungszeichen eine Geschichte für Kinder geschrieben:

Die Geheimschrift

Johannes hat nach einer Bootsfahrt mit seiner Großmutter am Strand einen toten Fisch gefunden. Er schob ihn mit einem kleinen Stock ans Ufer und winkte der Großmutter.

„Das viele Öl, das in den See geflossen ist", sagte sie, als sie herangekommen war, „dieses Gift im Wasser hat den Fisch getötet". Johannes ritzte mit dem Stock die Umrisse des Fisches in den feuchten Sand.

„Weißt du eigentlich, daß du eine Geheimschrift der Christen schreibst?" fragte die Großmutter.

„Ich schreibe ja gar nicht, ich male", antwortete Johannes.

„Und doch ist es so, Junge", sagte die Großmutter. „Zur Zeit der Römer, da mußten die Christen verheimlichen, daß sie sich zu Jesus bekannten. Die römischen Kaiser sahen es nicht gern, daß sich das Christentum in ihrem Reich ausbreitete. Einige Herrscher ließen die Christen sogar verfolgen und töten. Damals ist das geheime Zeichen des Fisches von den Christen als ein Erkennungsmerkmal benützt worden."

„Aber warum gerade ein Fisch?" wollte Johannes wissen.

„Das hängt mit dem griechischen Namen für Fisch zusammen", erklärte die Großmutter. „Im Griechischen sind die Buchstaben des Wortes Fisch auch die Anfänge der Worte Jesus Christus, Gottes Sohn, Erlöser."

„Das ist gut", sagte Johannes. „Das konnte keiner herausbekommen."

„So ist es, Johannes. Wenn aber ein Christ vor vielen hundert Jahren dich hier beobachtet hätte, wie du einen Fisch in den Sand malst, dann hätte er dich freudig begrüßt. Er hätte gleich gewußt, das ist einer von uns. Sei gegrüßt, Bruder, hätte er gesagt und dich umarmt."

„Ich werde auch ein solches Geheimzeichen erfinden", sagte Johannes. Er schrieb die Buchstaben FISCH untereinander in den Sand. Für das C fand er schnell CHRISTUS. Mit dem S schrieb er SOHN GOTTES. Dann wurde es schwerer. Großmutter schlug vor: „Für das I kannst du ruhig IESUS schreiben: Das hat man früher oft so gemacht." „Und für das H schreibe ich HEILAND", wußte Johannes. Für das F fanden aber weder Großmutter noch Johannes einen passenden Namen.

„Was sind das für Fische?" fragte Anna, seine Schwester, die verschlafen herangekommen war.

„Der Fisch ist ein Geheimzeichen für Jesus", erklärte ihr der Bruder. Laut las er vor: „IESUS, SOHN GOTTES, CHRISTUS, HEILAND."

Großmutter sagte: „Ich glaube, die Anna hat mit ihrer Frage eine Lösung gefunden. Wir schreiben einfach:

> F-isch =
> I-esus
> S-ohn Gottes
> C-hristus
> H-eiland."

Anna malte mit ihrem Finger einen Fisch in den Sand. Da stürzte Johannes auf sie zu, umarmte sie und schrie: „Sei gegrüßt, Schwester, du bist auch eine von uns!" „Bin ich schon immer, du Doofmann", sagte Anna.

Willi Fährmann[15]

Eine weitere Geschichte kann uns die Bedeutung des Tauf-
wassers ebenfalls klarmachen, besonders bei einer Erwachsenentaufe. Taufe ist ein Eintauchen in das Meer der Barmherzigkeit Gottes:

Das Meer der Barmherzigkeit

Ein Priester ist auf dem Weg, sich von einer Klippe
zu stürzen. Unterwegs hält er noch am Haus eines
befreundeten Priesters an, um auf Wiedersehen zu
sagen. Ihm erzählt er schließlich die Geschichte seines
traurigen Lebens: Wie wenig er Gott geliebt und den
Menschen gedient hat. Wie er alle Gebote gebrochen
hat und den Leuten zum Ärgernis wurde. Seine Schuld
sei zu groß, um noch mit dem Erbarmen Gottes rech-
nen zu können.
Sein Freund entgegnet ihm: „Aber du weißt doch, die
Barmherzigkeit Gottes ist unvorstellbar groß. Er bie-
tet uns *immer* seine verzeihende Liebe an. Wir brauchen sie nur anzunehmen."
Aber der Priester ist untröstlich: „Mein Herz ist wie
ein Eimer voller Risse und Löcher. Sobald Gott seine
Vergebung hineingießt, geht sie verloren!"
Da ergreift der Freund seine Hand: „Vielleicht ist dein
Herz vergleichbar mit einem Eimer voller Risse und
Löcher. Aber wenn er geworfen wird in das Meer der
barmherzigen Liebe Gottes, ist es gleich, wieviel Risse
darin sind; denn das Meer der Liebe Gottes umschließt
dich von innen und außen, von unten und oben und
von allen Seiten."

In dieses Meer der Barmherzigkeit können wir – wie oben
bei der Erbsünde schon gesagt – auch beim Sakrament der
Buße oder Beichte immer wieder eintauchen.

V. Von der Wirkung der Taufe

Zu Beginn der Tauffeier singen wir in unserer Kirche immer das Lied „Lobe den Herren" (GL 258). Am Text der zweiten Strophe „der dich auf Adelers Fittichen sicher geführet" zeige ich gerne auf, was Taufe bewirken kann, wenn sich ein Mensch dafür öffnet.

Leider fehlt uns Anschauung, aber vielleicht gelingt es den Naturschützern, den Adler auch wieder bei uns anzusiedeln. Er baut seinen Horst im unzugänglichen Fels. Wenn seine Jungen dann flügge geworden sind, stößt er sie aus dem Nest. Nach kurzer Zeit der Flugversuche würden sie in den Abgrund stürzen, wenn der Adler nicht wie eine Art „Flugzeugträger" mit ausgebreiteten Flügeln die Jungen auffangen würde. So kann er sie sicher eine Zeitlang durch die Lüfte tragen. Haben sie wieder Kräfte gesammelt, erheben sie sich mit eigener Kraft zu einem neuen Flug.

Ein wunderbares Bild: Irgendwann im Leben werden auch wir aus dem Nest gestoßen und drohen tödlich abzustürzen. Wer die inneren Augen, die „Antenne" dafür hat, weiß aber, daß er nicht ins Bodenlose stürzt, sondern Gott in Jesus Christus an seiner Seite hat. Von ihm kann er sich in solchen Augenblicken getragen fühlen, bevor er wieder, mit eigener Kraft, die nächsten Hindernisse überwindet.

Hierzu fallen mir Vergleiche ein: Taufe ist wie ein Netz unter den Füßen eines Trapezkünstlers oder wie das Vertrauen des Jungen in der folgenden Geschichte:

Er ist ja mein Vater

Hoch über dem Marktplatz einer kleinen Stadt hatte ein Seiltänzer sein Seil gespannt und machte dort oben unter den staunenden Blicken vieler Zuschauer seine gefährlichen Kunststücke. Gegen Ende der Vorstellung holte er eine Schubkarre hervor und fragte einen der Anwesenden: „Sagen Sie, trauen Sie mir zu, daß ich die Karre über das Seil schiebe?"

„Aber gewiß", antwortete der Gefragte fröhlich, und auch mehrere andere der Umstehenden stimmten der Frage sofort zu.

„Würden Sie sich dann meiner Geschicklichkeit anvertrauen, sich in die Karre setzen und von mir über das Seil fahren lassen?" fragte der Schausteller weiter.

Da wurden die Mienen der Zuschauer ängstlich. Nein, dazu hatten sie keinen Mut! Nein, das trauten sie sich und ihm nicht zu.

Plötzlich meldete sich ein Junge. „Ich setze mich in die Karre", rief er, kletterte hinauf, und unter dem gespannten Schweigen der Menge schob der Mann das Kind über das Seil. Als er am anderen Ende ankam, klatschten alle begeistert Beifall. Einer aber fragte den Jungen: „Sag, hattest du keine Angst da oben?"

„Oh nein", lachte der, „der mich über das Seil schob, ist ja mein Vater!"[16]

Das klingt so ähnlich wie es uns von Martin Luther berichtet wird: In Augenblicken der Angst schrieb er mit Kreide vor sich auf den Tisch: „Ich bin getauft!"

Nach diesen anschaulichen Vergleichen jetzt mehr „theologisch nüchtern", was von der Wirkung der Taufe gesagt werden kann:

Der christliche Taufritus entspricht formell der Grundstruktur aller Einführungsriten, ist aber auf Christus bezogen. Taufe bedeutet also Befreiendes:

- Ohne dein Zutun stehst du jetzt da, wo die Liebe Gottes dich umfängt: In Jesus Christus nimmt er dich an die Hand und führt dich über den richtigen Weg in die Rettung, wenn du davon Gebrauch machst.

- In einer Welt voller Gefahren und Sünde hat sich Gott in Jesus Christus auf deine Seite gestellt (bei einem Erwachsenen: und reingewaschen von all deiner bisherigen Schuld und Sünde); er umgibt dich wie die Luft zum Atmen, er hat seine Geschichte mit dir begonnen. Daß der Himmel schon in dir ist, befreit dich aber nicht von deiner Verantwortung für diese Welt.

- Du hast das Eingangstor einer bestimmten christlichen Kirche durchschritten und bist eingegliedert in die Gemeinschaft der Christen. Du bist damit befreit zu einer neuen Menschheit, in der die Mauern zwischen Schwarz und Weiß, Mann und Frau, Hoch und Niedrig ... niedergerissen sind: eine „klassenlose Gesellschaft". Es gibt nicht mehr Juden und Griechen, nicht Sklaven und Freie, nicht Mann und Frau; denn ihr alle seid „einer" in Christus Jesus (vgl. Gal 3, 28).

  Durch den einen Geist wurden wir in der Taufe alle in einen einzigen Leib aufgenommen, Juden und Griechen, Sklaven und Freie, und alle wurden wir mit dem reinen Geist getränkt (vgl. 1 Kor 12, 13).

- Du bist erfüllt mit der Kraft „von oben", dem Heiligen Geist, der dich der „Schwerkraft des Bösen" entreißen kann und dich aufruft zum Einsatz für eine menschenwürdigere Zukunft.

Hoffentlich wird an diesen Formulierungen klar, wieviel Hoffnung und Freude mit diesem Geschenk Gottes verbunden sein kann: Wir brauchen nur die Hände freizuhalten, um es annehmen zu können.

Taufe besagt nicht: Du bist jetzt geschützt vor „Unfällen" aller Art in deinem Leben oder quasi geimpft gegen alles Böse. Denn der Mensch behält ja seine Neigung zum Egoismus, mit dem er das eigene wie auch das Leben anderer zerstören kann. Die „Freikarte" für den Himmel, die er seit der Taufe besitzt, muß auch benutzt werden. Es bleibt so jederzeit die höchste Gabe des Menschen gewährleistet: *die freie Entscheidung.* Gott zwingt sich nicht auf. Jeder kann nein zu Ihm sagen. Selbst „Hölle" ist nicht Strafe Gottes, sondern selbstgewählte Konsequenz des Menschen, sich gegen den guten und gerechten Gott zu stellen. „Hölle" schon in diesem Leben – und nach dem Tod.

Es gibt auch selbstverschuldete Gottesferne: Wie wenig bewirken manchmal tausend Religionsstunden im Leben eines jungen Menschen. Es ist so, als ob er einen Regenschirm aufgespannt hätte, mit dem er alle gutgemeinten Erklärungen abhält. Kurz nach der Schulzeit kann alles verdunstet sein. Alles? Wir säen in Schulen und Gruppen wie alle Erzieher auf das Prinzip „Hoffnung" hin.

Es gibt eine sehr schöne „Hoffnungsgeschichte", die den Vorteil hat, sich so wirklich abgespielt zu haben. Ein Erzieher sollte sie abends vor dem Schlafengehen immer wieder einmal lesen:

Vom Mann, der Bäume pflanzte

Ein älterer Mann in Frankreich. Seine Frau ist gestorben, dann auch noch sein einziger Sohn. Wofür soll er jetzt noch leben? Er läßt seinen Bauernhof in einer fruchtbaren Ebene zurück. Nur 50 Schafe nimmt er mit. Er zieht in eine trostlose Gegend, in die Cevennen, fast eine Wüstenlandschaft. Dort kann er vielleicht vergessen. Weit verstreut liegen fünf Dörfer mit zerfallenen Häusern. Die Menschen streiten sich; viele ziehen fort. Da erkennt dieser ältere Mann: Diese Landschaft wird ganz absterben, wenn hier keine – Bäume wachsen!

Immer wieder besorgt er sich einen Sack mit Eicheln. Die kleinen sortiert er aus, auch die mit Rissen wirft er fort. Die guten, kräftigen Eicheln legt er in einen Eimer mit Wasser, damit sie sich richtig vollsaugen. Er nimmt noch einen Eisenstab mit, dann zieht er los. Hier und dort stößt er den Eisenstab in die Erde und legt eine Eichel hinein.

Nach drei Jahren hat er auf diese Weise 100 000 Eicheln gesetzt. Er hofft, daß 10 000 treiben. Und er hofft, daß Gott ihm noch ein paar Jahre schenkt, so weitermachen zu können. Als er im Jahre 1947 im Alter von 89 Jahren stirbt, hat er einen der schönsten Wälder Frankreichs geschaffen. Da gibt es je einen Eichenwald von 11 km Länge und 3 km Breite an drei verschiedenen Stellen!

Und was sonst noch geschehen ist? Die unzähligen Wurzeln halten jetzt den Regen fest, saugen Wasser an. In den Bächen fließt wieder Wasser. Es können wieder Weiden, Wiesen, Blumen wachsen. Die Vögel kommen zurück. Selbst in den Dörfern verändert sich alles: Die Häuser werden wieder aufgebaut, angestrichen. Alle haben wieder Lust am Leben, freuen sich, feiern Feste. Keiner weiß, wem sie das zu verdanken haben, wer die Luft, die ganze Atmosphäre geändert hat.

Jean Giono[17]

In den Bächen fließt wieder Wasser! Davon träumen wir, daß auch in den Herzen der uns anvertrauten Kinder und Jugendlichen die Bäche mit dem Wasser des Lebens fließen.

Entscheidend ist natürlich, ob die Eltern und viele, die mit dem Heranwachsenden in Berührung kommen, überzeugend mithelfen. Wie ich oben und auch noch einmal weiter unten schreibe: Taufe ist der erste Wasserguß an das Bäumchen mit dem Namen: „Du kannst Gott in Jesus Christus vertrauen." Doch wenn ein Baum daraus werden soll, braucht es weitere Güsse!

Aber auch der Getaufte selbst muß seine Wurzeln ausstrekken, seine religiösen Kinderschuhe ausziehen, wenn er in den Grenzsituationen seines Lebens die Wirkung der Taufe spüren soll:

Bis zu verborgenen Wasseradern

Ein Mensch konnte nichts Schönes und Gesundes sehen. Als er in einer Oase einen jungen Palmbaum im besten Wuchs fand, nahm er einen schweren Stein und legte ihn der jungen Palme mitten in die Krone. Mit einem hämischen Lachen ging er davon. Aber die Palme versuchte, die Last abzuwerfen. Sie schüttelte und bog sich. Vergebens. Sie krallte sich tiefer in den Boden, bis ihre Wurzeln verborgene Wasseradern erreichten. Diese Kraft aus der Tiefe und die Sonnenglut aus der Höhe machten sie zu einer königlichen Palme, die auch den Stein hochstemmen konnte.

Nach Jahren kam der Mann wieder, um sich an dem Krüppelbaum zu erfreuen. Da senkte die kräftigste der Palmen ihre Krone, zeigte den Stein und sagte: „Ich muß dir danken. Deine Last hat mich stark gemacht!"

Nach Pater Franz Gypkens

Wie die Wirkung ausschaut, die aus der Verbundenheit mit Gott und Jesus Christus und ihrem Geist herrührt, kann uns das Leben eines jeden Heiligen aufzeigen. Damit wir

nicht zu sehr in vergangene Jahrhunderte „untertauchen"
müssen, darf ich das Leben und Wirken einer Frau *unserer*
Tage aufzeigen. Ich reihe diese Ordensschwester unter die
„heiligmäßigen" Menschen ein:

Sr. Emmanuelle, die Mutter der Müllmenschen

Sie ist „Licht für diese Welt" in Ägypten, in der Stadt
Kairo, mitten unter Menschen, die im Müll und vom
Müll leben. Als Ordensschwester und Direktorin einer
öffentlichen Schule für „höhere Töchter" hätte sie sich
eigentlich mit fast 63 Jahren auf ihren verdienten
Lebensabend freuen können. Aber ein Schlüsselerleb-
nis läßt sie noch einmal „alle Mauern überspringen":
Bei einem Schulausflug nach Kairo beobachtete sie
Kinder, die ihren Hunger an den Abfalleimern stillten.
Betroffen sammelte sie Geld unter ihren Zöglingen,
um es den Straßenkindern zuzustecken. Doch obwohl
einige dicke Banknoten bei sich trugen, kam sie nur
auf magere 50 Cents, umgerechnet eine knappe Mark.
– An diesem Abend kochte das Blut in ihr, und sie
beschloß, „die Fronten zu wechseln".
Mit Erlaubnis ihrer Oberin packte sie ihr Bündel und
zog für Jahre in einen Ziegenstall. Sie aß das Brot der
Armen, Fladenbrot und Bohnen, und lebte von zehn
Mark monatlich. Sie ging von Hütte zu Hütte, zu den
koptischen Christen wie zu den Muslimen. Das Elend
zog sie an wie ein Strudel im See. 1988 wurde sie 80
Jahre. Sie kümmert sich mit anderen Schwestern nach
wie vor um Tausende Müllmenschen, baut Häuser,
Schulen, Kindergärten, Werkstätten, ja sogar eine
Fabrik, die Müll in Dünger veredelt, und ernährt täglich 12.000 Kinder.
Gefragt, woher sie dazu die Kraft nimmt, antwortete
sie: „Ein Wort der Mutter Maria von Guadalupe in

Südamerika hat mich beflügelt. Dieses Wort heißt: ‚Schau mich (und meinen Sohn) an und fliege!‘ Das Gebet und die hl. Messe, auch wenn ich für den Hinweg allein zwei Stunden brauche, sind mir dabei morgendlicher Kraftstoff."

So hat diese Frau immer noch unermüdlich die Füße im Staub, den Kopf aber in den Sternen: Sie ist voller Pläne. Die Müllmenschen erfahren an ihr leibhaftig, was ihr Name „Emmanuelle" übersetzt heißt: „Gott ist mit uns".

„Schau mich an und fliege!" heißt das Geheimnis, im Glauben alles zu wagen und über alle Abgründe zu kommen. Ein Ausspruch der Mutter der Müllmenschen soll das Gesagte abrunden: „Ich habe etwas riskiert", lächelt sie, „und ich bin überglücklich, daß ich das riskiert habe!" Man sieht ihr an, wie verliebt sie in ihre Aufgabe, in diese Menschen ist – wie Verliebte ja auch keine Grenzen und Hindernisse kennen.

Wenn wir heute klagen, daß die christliche Religion in unseren Breitengraden kaum Früchte trägt, dann dürfen wir nicht übersehen, daß der Grund auch bei uns selbst liegt. Denn genug andere Länder auf der Welt zeigen, wie frisch, lebendig und wirkungsvoll das Wort Gottes Wurzeln schlagen kann. Uns selbst hält die folgende Geschichte einen Spiegel vor:

Dürsten nach Gott

Wie kann man einen Esel, der keinen Durst hat, trotzdem zum Trinken bewegen? Und wie kann man – bei allem Respekt – einen Menschen dazu bringen, nach Gott zu dürsten, wenn er diesen Durst verloren hat und er sich mit Bier und Schnaps, Fernsehen und Autofahren zufrieden gibt?

Soll man es mit dem Stock versuchen? Ein Esel ist aus härterem Holz als unser Stock. Außerdem, wer wird heutzutage zu einer solch autoritären Maßnahme greifen?

Soll man ihm Salz zu schlucken geben? Das wäre Tierquälerei. Wie ihn dann dazu bewegen, freiwillig zu trinken? Es scheint nur eine Lösung zu geben: Man muß einen durstigen Esel herbeischaffen, der ausgiebig, mit großem Genuß und Behagen an der Seite seines Artgenossen aus dem Eimer trinkt. Aber ohne jedes Theater, einfach weil er Durst hat, einen großen, unstillbaren Durst! Das wird seinen Kollegen nicht unbeeindruckt lassen. Die Lust wird ihn ankommen, sich zum Eimer zu neigen und in tiefem Zug das erfrischende Wasser zu schlürfen.

Menschen, die Hunger und Durst nach Gott haben, sind für ihre Mitmenschen eine bessere Predigt als viele erbauliche Reden.

Jaques Loew

In welcher Not muß der Mensch gestanden haben,
der betete:
„Wie der Hirsch lechzt nach frischem Wasser,
so lechzt meine Seele, Gott, nach dir.
Meine Seele dürstet nach Gott, nach dem lebendigen Gott" (Ps 42, 2.3a).
Und dann trinken dürfen!
„Ich bin für dich da wie Wasser!
Herr, gib mir dieses Wasser!" (Joh 4, 15).

Wenn unser Verlangen und unsere Sehnsucht nach Gott und Jesus Christus nicht deutlicher erwachen, wird die christliche Botschaft in den alten „christlichen Nationen" noch mehr von Wohlstand und Hektik, von Nihilismus und Konsum erstickt werden oder verdunsten.

Mit manchen Formulierungen, die immer noch im Katechismus zu finden sind, fällt es schwer, sich zu identifizieren. Mit dem Blick darauf, daß zu allen Zeiten zwei Drittel der

Menschheit nie christlich getauft wurden und werden, treffen folgende Aussagen auf *alle* Menschen zu:

Du bist von Gott geschaffen, um zu leben und nicht zu sterben. – Du bist ein Kind Gottes; er hat dich in seine Hand geschrieben; du darfst Gott „Vater und Mutter" nennen. Gott sagt *ja* zu dir, so wie du bist: Du brauchst dich nicht zu überfordern, aber auch an deinen Schwächen nie zu verzweifeln. –

Noch einmal: Mit welcher Berechtigung sprechen wir ab, daß Gott *jeden* Menschen liebt, daß *alle* Menschen „Kinder Gottes" sind? Wenn Jesus uns Gott als „Vater" offenbart, dann erklärt sich das mehr auf dem Hintergrund der Religionsgeschichte, denn die zeigt, daß der Mensch oft in Furcht und Schrecken vor diesem unsichtbaren Gott stand und alles mögliche unternahm – bis hin zu Menschenopfern –, ihn versöhnlich zu stimmen. Das ist die frohe Botschaft Jesu: Ihr braucht keine Angst zu haben, Gott ist unser guter Vater und wie eine gute Mutter.

Das 2. Vatikanische Konzil sprach die alte Überzeugung der Kirche aus: „Wer ohne eigene Schuld das Evangelium nicht kennt, kann dennoch zum Heil gelangen." Das heißt: Christus ist auch für ihn gestorben und auferweckt worden (II. Vatikanum, Kirche Nr. 16).

(Zum Abschluß das Zitat einer Siebzehnjährigen, nachdem sie in der Jesus-Bewegung durch Untertauchen getauft worden war, wenn auch die meisten von uns sicher nicht so emotional und ekstatisch sind:)

„Der ganze Körper fing an zu zittern, so eine Kraft war da in mir. Ich dachte, ich zerspringe in dem Moment. Und ich habe gemerkt, daß Jesus wirklich da ist. Da fing ich an zu lachen. Ich war so glücklich. Seit dem Tage war ich frei. Ich brauchte von dem Moment an kein Rauschgift mehr."[18]

VI. Die Zeichensprache der Taufe

In der Taufe bringen wir unser Kind zunächst einmal ganz einfach dorthin, von wo wir es haben: Wir bringen es vor Gott und danken ihm dafür ... Wir vertrauen es ihm an und sagen: Führe du es. Führe es so, daß es deine Hand nicht verliert.

Jörg Zink[19]

Die äußeren Zeichen bei der Taufe deuten an, was in der Seele des Neugetauften geschieht: Dabei entsprechen diese Zeichen oft den Erfahrungen der Eltern, z. B.:

- Grenzen elterlichen Bemühens – Bezeichnung mit dem Kreuz; Segen;
- Hilflosigkeit und Schutzbedürftigkeit des Kindes – Handauflegung;
- Das Kind ist kein Besitz – Es erhält einen eigenen Namen;
- Das Leben des Kindes ist nur möglich durch das Zusammenleben mit anderen – Aufnahme in die Gemeinschaft der Gläubigen;
- Eltern ändern und teilen ihr Leben – Untertauchen (= Tod, Hingabe) und Auftauchen (= neues Leben) im früheren Taufritus.

Kreuz auf die Stirn zeichnen

Wir „besiegeln" das Kind gewissermaßen mit dem Kreuz. Dieses Kind wird auf Christus festgelegt; sein Leben steht jetzt unter dem Kreuz, das alle Schuld tilgt.

Im Leben dieses kleinen Menschen wird aber auch
ebensoviel Versagen sein und Unrecht wie bei uns
allen, und wenn es den Mut nicht verlieren soll,
muß es wissen, wie man von Schuld frei werden
kann.

Jörg Zink[20]

Handauflegung

1. Gott nimmt das Kind in Besitz; es gehört ihm für Zeit und Ewigkeit.
2. Jesus legte einst Kindern die Hände auf. Er soll dieses Kind vor allem bewahren, was unmenschlich und böse ist.

Salbung mit Katechumenenöl auf die Brust (kann auch entfallen)

1. Das Kind wird geschützt gegen alles Bedrohliche – wie wir uns mit dem Sonnenöl gegen eine zu starke Bestrahlung schützen.
2. Das Kind wird gestärkt zum Kampf gegen das Böse – so wie ein Ringer im Altertum ganz mit Öl eingerieben wurde, um dem Gegner das Zupacken zu erschweren.

Übergießen durch Wasser

Dieses Übergießen des Kopfes deutet nur noch schwach das Untertauchen des ganzen Menschen an – wie es heute noch in der russisch-orthodoxen Kirche bei Säuglingen praktiziert wird. Taufen kommt von Untertauchen! Bei der Erwachsenentaufe in den ersten Jahrhunderten wurde es am deutlichsten: Der alte Mensch, mit Schuld und Sünde behaftet, sollte sterben und wurde dreimal untergetaucht, damit er als neuer Mensch auferstehen konnte für ein Leben mit Christus. Also eine „Wiedergeburt" (Joh 3, 5), jetzt erfüllt mit dem Geist

„von oben". Dieser Geist gibt dem Täufling die Kraft, der „Schwerkraft des Bösen" zu entrinnen. (Beim Weihwasser-Nehmen sollen wir daran denken.)

Danach kann jeder Mitfeiernde zur „Tauferinnerung" eingeladen werden: Die Schale mit dem Taufwasser kreist, und als Zeichen, daß wir untereinander verbunden sind, nimmt jeder von dem Taufwasser und macht damit ein Kreuz über sich.

> *Und so taufen wir Ihr Kind auf den Namen des Vaters, der es geschaffen hat, und bitten ihn, er möge es geleiten.*
>
> *Wir taufen es auf den Namen Jesus Christus, der ihm auf seinem Weg vorausgeht, und bitten ihn, er möge ihm zum Leben helfen in dieser Welt und in der Ewigkeit.*
>
> *Wir taufen es auf den Namen des Heiligen Geistes und bitten ihn, er möge es erfüllen mit Fröhlichkeit und Zuversicht, ihm zum Glauben helfen und die Hoffnung in ihm erhalten bis ans Ende seiner Tage.*
>
> *Jörg Zink*[21]

Salbung mit Chrisam

(= Mischung von Olivenöl und Balsam; von diesem Wort ist Christus, „der Gesalbte", abgeleitet):

Mit Chrisam wurden früher Priester, Könige und Propheten für ihr Amt gesalbt: Das Kind ist in eine „klassenlose Gesellschaft" aufgenommen, denn es hat Anteil am gemeinsamen *Priestertum*, dies wird nach außen hin zum Beispiel dadurch deutlich, daß es später einmal Kinder und Jugendliche zur Erstkommunion und Firmung führen oder die hl. Kommunion austeilen darf. Es ist wie ein *König*, von Gott auserwählt. Aus ihm wird schon bald *Prophet*isches sprechen – sobald es reden kann und die Eltern es nicht allzusehr „verbiegen". Diese Salbung mit Chrisam wird später in der Firmung als eigenes Sakrament herausragendes Zeichen: Jetzt kann der Jugendliche selbst entscheiden, ob er die Taufe bejaht und Christus nachfolgen will.

> *„Ihr seid ein auserwähltes Geschlecht, eine königliche Priesterschaft, ein heiliger Stamm; ein Volk, das sein besonderes Eigentum wurde, damit ihr die großen Taten dessen verkündet, der euch aus der Finsternis in sein wunderbares Licht gerufen hat"* (2 Petr 2, 9).

> *„Alle Gläubigen haben Anteil am priesterlichen, königlichen und prophetischen Amt Christi"* (2. Vatikanisches Konzil).

Im Alten Testament wird die Berufung des Kindes David zum König des Volkes Israel relativ breit geschildert. „Samuel, der Prophet, nahm das Horn mit Chrisamöl und salbte David mitten unter den Brüdern ..." (vgl. 1 Sam 16, 1–13). Wilhelm Willms hat dieses Kapitel nachempfunden. Hier ein Auszug:

Er goß ihm Öl über den Kopf

(Nachdem Isai dem Propheten Samuel sieben seiner Söhne vorgestellt hatte, sagte er:)

> ich hab keinen sohn mehr
> wie sagte samuel
> du hast keinen sohn mehr
> du mußt noch einen haben
> nein sagte isai
> der den ich noch habe
> der kommt nicht in frage
> er ist noch jung
> ein rotzjunge
> er spielt draußen

auf betlehems feldern
mit anderen jungen
bei den schafen
samuel stutzte
dann sagte er ganz bestimmt
er ist es
der kann es nicht sein sagte isai
ein kind
der ist es sagte samuel
unwiderstehlich sicher
der ist es holt ihn herein
holt ihn schnell

und all die großen brüder
der älteste der größte
der stärkste
der schönste
der klügste
und der tüchtigste

sie alle standen da
und dann kam das kind
das nichts wußte und nichts ahnte

und samuel
befahl ihn zu waschen zu baden
und dann salbte samuel dieses kind
auf der stelle zum könig
er goß ihm einen ganzen
krug öl kostbares
herrlich duftendes öl
über den kopf
das floß an seinem körper
herunter und
das ganze isai-haus
duftete königlich
israels könig ein kind

ein kind
die hoffnung der welt
ein kind
der traum der welt
ein kind
könig
machtlos

Wilhelm Willms[22]

Anziehen des Taufkleides

So wie früher ein Erwachsener zunächst die alten Kleider auszog und dann ins Taufwasser stieg, wird jetzt dem Täufling als „neuem Menschen" ein weißes Kleid angezogen. Das *weiße* Kleid bedeutet nicht in erster Linie die Reinheit oder Unschuld, sondern „du hast Christus angezogen". In Erinnerung daran trägt auch eine Braut bei ihrer Hochzeit ein weißes Kleid. Und das weiße Linnen, in das ein Verstorbener gehüllt wird, soll auch aussagen: Du gehörst Christus an. Im Urchristentum wurde das weiße Kleid acht Tage nach der Osternacht abgelegt. Darum heißt dieser Tag bis heute „Weißer Sonntag".

Überreichen der Taufkerze

Sie wird an der Osterkerze, dem Symbol des auferstandenen Christus, entzündet: Jesus ist das „Licht der Welt". Wenn der Täufling sich immer wieder an diesem Licht orientiert, kann er selbst zum Licht für diese Welt werden. (Lassen Sie diese Kerze an den Festtagen des Kindes brennen, um es zu erinnern ... Sie kann auch bei der Erstkommunion und kirchlichen Trauung brennen – obwohl es dafür auch noch eigene Kerzen gibt – um möglichst oft an die Taufe und unsere Gemeinschaft mit Christus und der Kirche zu erinnern.)

Christus, das Licht der Welt,
hat ihr Kind erleuchtet.
Es soll jetzt als Kind des Lichtes
leben.

Aus dem Taufritus

Berührung der Ohren und des Mundes

Jesus sagte einst zum Taubstummen: „Öffne dich!" So soll
sich das Kind für Gottes Wort und seine Liebe öffnen und
sie weiterschenken.

Segensgeste über Mutter, Vater, Paten und alle Anwesenden

Dieser Segen, der mit ausgestreckten Händen über die Eltern
gesprochen wird, erinnert an eine Amtsübertragung: Mutter
und Vater, aber auch alle, die mit dem Kind in Berührung
kommen, tragen Verantwortung dafür, daß aus diesem Kind
ein selbständiger, freier und lebensbejahender Mensch und
ein froher, überzeugter Christ wird.

(Den Ablauf der Taufe siehe unter Anhang 1)

VII. Kinder- oder Erwachsenentaufe?

Schauen Sie zunächst einmal zurück. Wie verlief bei Ihnen das Gespräch über das Thema: Sollen wir unser Kind taufen lassen? Oder wie wird es verlaufen, wenn das Kind geboren ist? Pfarrer Lothar Zenetti hat ein solches Gespräch zwischen Werbespot und Tagesschau nachempfunden:

Sollen wir's taufen lassen?

Sie: Übrigens war meine Mutter vorhin da, schöne Grüße!

Er: (nach einer Pause): Und, was hat sie gewollt?

Sie: Na ja, das Baby anschauen. Du weißt ja, wie sie an dem Kind hängt. Sie hat ihm wieder alles mögliche mitgebracht.

Er: Ja, die Oma! Na ja, wenn's ihr Spaß macht!

Sie: Natürlich hat sie wieder gefragt, wann wir das Kind taufen lassen.

Er: Möchte wissen, was die das angeht! Also, das ist wirklich unsere Sache!

Sie: Du weißt ja, wie sie ist. Sie meint's nicht böse.

Er: Schon, aber das geht sie nichts an, da soll sie sich raushalten!

Sie: (nach einer Weile): Ja – und was meinst du? Sollen wir's nicht taufen lassen?

Er: Also, mir ist das echt egal! So was mußt du entscheiden. Du mußt das Kind ja schließlich erziehen. Ich kann mich da nicht drum kümmern.

Sie: Ich denke, das ist unsere Sache, unser Kind? Ich finde, so ganz kannst du dich da nicht raushalten.

Er: Sei doch nicht gleich sauer – ich sage doch: Mir ist es egal!

Sie: Mir auch, das weißt du. Aber irgendwie müssen wir uns entscheiden.

Er: Mann, das hat doch noch Zeit. Das Kind ist ja erst vier Monate alt!

Sie: Die Oma meint, es wäre höchste Zeit, zum Pfarrer zu gehen.

Er: Da soll sie doch gehen, wenn sie unbedingt will!

Sie: Du weißt genau, daß das nicht geht. So was müssen schon die Eltern übernehmen. – Eigentlich sind wir ja auch getauft. Genau wie unsere Eltern.

Er: Na, sag bloß, daß uns das noch was bedeutet: Kirche, Gott, ewiges Leben und all das!

Sie: Aber geschadet hat es uns auch wieder nicht, oder? Ich finde es ganz gut, wenn ein Kind an irgendwas glaubt und so ... Vielleicht ist doch was dran, ich meine: Kind Gottes, Erbsünde oder wie das heißt ...

Er: Nun hör aber auf!

Sie: Außerdem gucken sie dann in der Schule später nicht so doof. Stell dir vor, wenn ein Kind nach der Religion gefragt wird, und es muß sagen: ich hab' keine, ich bin nichts.

Er: Du hast ja recht. Schaden kann es nichts.

Sie: Es hat sogar Vorteile: Denk mal an die Erstkommunion und die Firmung. Irgendwie sind das schon Erlebnisse für ein Kind. Wenn ich an meinen Weißen Sonntag denke! Das wollen wir unserem Kind doch auch gönnen. Es wäre direkt lieblos, wenn wir ihm das vorenthalten würden. Außerdem hat die Kirche Kinderfeste und Jugendgruppen und Fahrten anzubieten. Die machen da allerhand, hab' ich gehört.

Er: Mein Gott, ich hab' ja nichts dagegen, wirklich nicht. Außerdem: wenn es mal anders kommt, können wir's ja immer noch abmelden.

Sie: Also gut, ruf den Pfarrer an, mach einen Termin aus!

Er: Wieso ich? Das könntest du ebensogut, aber schön, mach ich. Aber welchen? Ich kenn' ja keinen.

Sie: Schau halt mal im Telefonbuch nach!

Er: (blättert): Sag mal, weißt du, wie die Kirche da oben am Friedhof heißt? Ich glaube, die ist katholisch.

Sie: Keine Ahnung, woher soll ich das wissen? Aber das müßte ja herauszukriegen sein ...

Soweit das Gespräch. Es wird an dieser Stelle abgebrochen, schon weil im Fernsehen die Tagesschau beginnt ...[23]

Die Gründe, die in diesem Gespräch *für* die Taufe genannt wurden, verlaufen – zumindest auf den ersten Blick – hart an der Grenze, an der ein Priester oder Diakon die Taufe zwar nicht „verweigern", aber den Eltern doch nahelegen sollte: „Schieben wir sie doch besser auf!" Das *muß* er sagen, wenn *keiner* der Eltern bereit ist, dem Kind den Glauben vorzuleben. Denn eine Kindertaufe ist nur sinnvoll, wo sie eingefügt ist in das Glaubensklima der Eltern oder eines Elternteiles oder eines Stellvertreters, der diese Aufgabe ausdrücklich übernehmen will, z. B. die Großmutter. Die Taufe sollte aufgeschoben werden, wenn die Erziehungsberechtigten einfach keine Antenne mehr für das Christliche haben und vielleicht nur noch die Großeltern aus Traditionsgründen auf die Taufe drängen. (Allerdings sollte der Seelsorger sehr vorsichtig mit einem vorschnellen Urteil sein. Denn: Woher nehmen wir die Gewißheit, daß es sich um „Ungläubige" handelt und nicht vielleicht um Menschen, die sich – trotz aller Kirchendistanz – eine ursprüngliche Sinnähe zu den Sakramenten bewahrt haben, die vielleicht trotz mancher oberflächlich erscheinender Motive auf der Suche nach Sinn sind?)

Die Tauffeier darf nicht zu einem folkloristischen Brauch herabgewürdigt werden, bei dem die innere Leere durch teure Geschenke und hektische Fotografen übertüncht wird – oder noch drastischer: wo das Menü für mehr Gesprächsstoff sorgt als die Taufe selbst. Das zeigt anschaulich folgende Geschichte:

Wenn das Wesentliche beinahe erstickt

Das Kind kommt zur Welt – die Eltern sind angesehene und wohlhabende Leute. An einem Sonntag im Dezember soll es getauft und ein großes Fest gefeiert werden.

Die Taufe in der kalten Kirche ist einigermaßen schnell vorüber, alles eilt zum Festmahl. Kaum durch die Tür, schlüpfen die Gäste aus ihren Mänteln und legen sie rasch auf den Kinderwagen neben der Garderobe. Unzählige Hände wollen geschüttelt, ebensoviele Geschenke entgegengenommen, viele Details des Taufmahls noch rasch geregelt werden. Wahrhaftig, eine gewaltige Feier: Die Garderobe quillt über von den Pelz- und sonstigen Wintermänteln. Es knallen die Sektpfropfen, sogar Ansprachen werden gehalten, köstliche Speisen verkostet.

Nach einiger Zeit möchte man auch das Kind sehen.

Die Eltern in ihrer Anspannung und Aufregung wissen gar nicht sofort, wo sie es suchen sollen. Endlich entdecken sie den Kinderwagen unter den Mänteln, hinter den Geschenken. Sie räumen die Päckchen zur Seite, heben die Mäntel vom Wagen – und erbleichen vor Schreck: Das Kind darunter – der eigentliche Anlaß der Feier – ist beinahe erstickt und erdrückt von dem, was man darüber gelegt hatte.

Quelle unbekannt

In einer Zeit, in der unsere sogenannte Volkskirche immer mehr zur Entscheidungskirche wird, müssen wir aber auch die Christen achten, die nach reiflicher Überlegung eine Taufe aufschieben, damit der Jugendliche später – aus einem christlichen Hausklima heraus – selbst entscheiden soll. Dann sollte aber eine „Feier der Geburt" angeboten werden, die zum Inhalt hat: Gott liebt dieses Kind; oder eine „feierliche Kindessegnung" mit Liedern, Schriftlesung, Ansprache, Fürbitten, Vaterunser, Elternsegen und Kindessegnung.

Auch ein ungetauftes Kind christlicher Eltern wird kirchlich beerdigt, wenn es stirbt: Weil es in der Liebe Gottes geborgen ist, sich auf dem Weg zur Taufe befindet oder durch den Wunsch der Eltern stellvertretend getauft ist („Begierdetaufe").

Wir müssen schmerzvoll damit leben, daß unser Land wieder zum Missionsland geworden ist und getaufte Menschen am besten gleich auf eine Diasporasituation eingestellt werden. Andererseits dürfen wir *auch* taufen, wenn ein Elternteil aus der Kirche ausgetreten ist. Es genügt, daß *ein* Elternteil bekundet (zur Not sogar ein Großelternteil, der die Enkel miterzieht, weil beide Eltern berufstätig sind), für die christliche bzw. katholische Erziehung geradezustehen. Ebenso dürfen wir taufen, wenn die Ehe kirchlich nicht anerkannt ist. Das Kind darf nicht wegen scheinbar fehlender kirchlicher oder moralischer Intaktheit der Eltern bestraft werden! Hier wurde schon viel Unheil angerichtet, wenn Anfragen nach der Taufe aus solchen Gründen verweigert wurden.

Aber nun zur Frage *„Kindertaufe – ja oder nein?"*

Die Vorwürfe sind bekannt: „Wehrlose Säuglinge werden zur Taufe gezwungen!" – „Die Kirche sichert sich auf diesem bequemen Weg den Nachwuchs!" – „Erst muß ein Christ bewußt glauben, bevor er getauft wird!"

Nach biblischen und geschichtlichen Erkenntnissen ist die Kindertaufe im Neuen Testament weder nachweisbar noch geboten – aber auch nicht verboten. Es gibt nur ein paar Hinweise auf die Kindertaufe:

- Jesus segnete die Kinder (Mk 10, 13 ff) und sprach *ihnen* schon das Reich Gottes zu. Warum dann nicht schon Kinder taufen?
- Jesus befiehlt bei Mt 28, 19: „Tauft alle Menschen!" Dabei ist kein Mindestalter für eine Taufe gefordert.
- In der Apostelgeschichte wird oft berichtet, daß der Hausherr sich mit seinem ganzen Haus taufen ließ. Dabei wurden die Kinder wohl mitgetauft (Apg 16, 15; 16, 33; 18, 8).

Erst ab dem 2. Jahrhundert werden Kinder regelmäßig getauft. Entscheidend für eine Kindertaufe sind heutzutage wohl folgende Gründe:

- Auf allen Gebieten treffen Eltern Vorentscheidungen. (Wenn das Kind alles selbst entscheiden soll, dann müßte man es in der Konsequenz auch fragen können, ob es überhaupt geboren werden will oder ob es lesen lernen will oder nicht – um die Fragestellung auf die Spitze zu treiben. So entscheiden Eltern auch über die Sprache, die Schule – ja sogar oft über die Berufsausbildung.)
- Alle Menschen, ob jung oder alt, sind auf die Freundlichkeit Gottes und seine Barmherzigkeit angewiesen. Warum soll den kleinen Kindern diese „Starthilfe" Gottes vorenthalten werden? Damit ist ihre spätere Entscheidungsfreiheit nicht eingeengt. Die Taufe können sie allerdings nicht löschen, selbst wenn sie sich von Gott und der Kirche lossagen.
- Es gibt keine wert- und zielfreie Erziehung: Ungläubige Eltern beeinflussen ihr Kind in die andere Richtung. Das Kind orientiert sich immer am Verhalten der Eltern: So wächst es in einer christlichen Hausatmosphäre zu einem Christen heran. Es ist naiv zu glauben, daß sich religiöses

Interesse von selbst entwickelt. Wenn ein Kind nicht in die christliche Religion hereinwächst, wird eine spätere Entscheidung für Christus sehr erschwert. Wenn es sich aber einmal entscheiden sollte, muß es vorher das Für und Wider abwägen können. Umgekehrt bleibt es ihm überlassen – nach reiflicher Überlegung – jederzeit auszutreten.

Genauso wichtig wie die Spendung der Taufe ist die christliche Erziehung: Wächst das Kind in einer Umgebung auf, in der das „Grundwasser" als christlich einzustufen ist, zu Hause und in der Pfarrgemeinde?

> *wir hoffen und glauben daß auch unsere gemeinde*
> *in der wir leben*
> *und daß die kirche zu der wir gehören*
> *für unser kind das klare kostbare lebendige wasser*
> *der gerechtigkeit*
> *der barmherzigkeit der liebe und des friedens ist*
> *Wilhelm Willms*[24]

> *Als Bischof Cyrill von Alexandrien († 444) gefragt wurde: „Was würden Sie tun, wenn jemand Interesse zeigte, ein Christ zu werden?", gab er zur Antwort: „Ich würde ihn einladen, ein Jahr in meinem Haus mit mir zu leben!"*

Kinder wachsen doch nicht im Niemandsland auf, ihr ganzes Leben ist ein Lernprozeß! Sie sind dem Klima der kleinsten Zelle der Gesellschaft, der Familie, regelrecht „ausgeliefert". Wenn wir alleine die Sprache beobachten, die das Kind erlernt: Die feinen Nuancen des Dialektes verändern sich von Ort zu Ort!

Allerdings ist die Familie heute überfordert, weil sie oft nur noch Freizeit-, Eß- und Schlafgemeinschaft ist. Es glückt ja oft nur, das Abendessen gemeinsam einzunehmen, und hoffentlich läuft dann nicht noch der Fernsehapparat! Und doch bleibt die Atmosphäre der Familie, ob „Nestwärme" spürbar ist oder nicht, sehr entscheidend.

> *Astrid Lindgren, die Kinderbuchautorin, in ihrer Nobelpreisrede: „Ein Kind, das von seinen Eltern liebevoll behandelt wird und das seine Eltern liebt, gewinnt dadurch ein liebevolles Verhältnis zu seiner Umwelt und bewahrt diese Grundeinstellung ein Leben lang ... Auch künftige Staatsmänner und Politiker werden zu Charakteren geformt, noch bevor sie das fünfte Lebensjahr erreicht haben – das ist erschreckend, aber es ist wahr."*

So darf in der Familie auch nicht „der religiöse Raum" verschlossen bleiben. „Die Familie ist der Ort, von wo das Evangelium ausstrahlt" (Papst Johannes Paul II.) – oder nicht! Darum sprechen wir von der Familie als *„Hauskirche":* Die Liebe der Eltern zum Kind wird zum Spiegelbild der Liebe Gottes zu uns. Ein Kind gewinnt Vertrauen zu Gott, wenn es sich auf die helfende Nähe der Eltern verlassen kann und so in seinem Grundvertrauen bekräftigt wird.

> *wir möchten selbst das klare lebendige wasser*
> *für unser kind werden und sein jeden tag*
> *wir möchten daß seine paten klares kostbares*
> *wasser für unser kind werden*
> *Wilhelm Willms*[25]

Mit der Taufe übernehmen Eltern oder wenigstens der gläubige Elternteil und die ganze Gemeinde („Mit großer Freude nimmt dich die Gemeinde auf!") die Verpflichtung, das weiterzuführen, was in der Taufe begonnen wurde. Der erste Wasserguß an das „Bäumchen" mit dem Namen „Du kannst Gott in Jesus Christus vertrauen" braucht jetzt weitere

Güsse, noch bevor das Kind alles verstehen kann. Erst im Grundschulalter beginnt es kritisch zu fragen und nimmt nicht mehr alles unbesehen hin. Bis dahin aber muß die „Antenne" für Gott und Jesus Christus längst ausgefahren sein:

- Durch das Gebet, vor allem abends: Das Kind kann seinen Dank, Frohes und Bedrückendes, Gutes und Trauriges vor Gott tragen. Vor allem ist es wichtig, Versöhnung zu erfahren und zu lernen. Auch das Tischgebet prägt, in dem die Gemeinschaft der Familie (z. B. durch einen Kreis mit den Händen) dicht erfahren werden kann.
- Durch das Vorlesen oder Erzählen von biblischen Geschichten, die dem Kind Jesus vor Augen stellen.
- Durch Kleinkindergottesdienste, die etwa vom vierten Lebensjahr an sinnvoll sind, und Erziehungsabende mit religiöser Thematik, die von der Gemeinde angeboten werden.
- Durch das Mitfeiern der christlichen Jahresfeste. Hier ist allerdings zu bedenken, daß die christlichen Kernaussagen von Flitter, Glanz, Hektik und Konsum zugedeckt sind. Es gibt Eltern und Kindern sehr viel, hier alte Krusten abzukratzen und zum eigentlichen Kern zu gelangen, da sie ja auch auf allen anderen Gebieten die Kinder zur Ehrlichkeit erziehen.

Eltern sollten sich dabei nichts vormachen: Kinder merken schnell, wenn Frömmigkeit nur Theater ist oder wenn ein Elternteil vom Beten nichts hält. Otto Betz stellt weitere unangenehme Feststellungen in den Raum: Wenn Familienmitglieder nicht gern miteinander sprechen, werden sie dann gern miteinander beten? Wenn in einer Familie keine Märchen und Geschichten erzählt oder vorgelesen werden, werden dann dort biblische Geschichten ihren Platz haben? Hat eine Familie, die nicht gerne Feste feiert, Verständnis für religiöse Feste? – Damit will er sagen: Die menschlichen und religiösen Ebenen laufen ineinander. Religion darf nie „äußere Zutat" sein. Genauso dürfen auch die kleinen

„Quellen" der Liebe in uns und im Kind nie versiegen, sonst trocknet irgendwann der „christliche" Brunnen aus – wie uns die folgende Geschichte sagen will:

Der alte Brunnen

In der Nähe eines alten Bauernhauses lag ein alter Brunnen. Sein Wasser war ungewöhnlich kalt und rein und köstlich zu trinken. Aber das Besondere war: Er trocknete nie aus. Selbst bei der größten sommerlichen Dürre, wenn schon überall das kostbare Naß rationiert wurde, gab er getreu sein kühles, klares Wasser.

Dann kam die Zeit, wo alles modernisiert wurde. Das Haus wurde umgebaut; es wurde auch eine moderne Wasserleitung gelegt. Den alten Brunnen brauchte man nicht mehr. Er wurde verschlossen und versiegelt. So blieb es mehrere Jahre.

Eines Tages wollte ein Hausbewohner aus Neugierde noch einmal in die dunkle und feuchte Tiefe des Brunnens sehen. Er deckte ihn ab und wunderte sich: Der Brunnen war total ausgetrocknet. Der Mann wollte herausbekommen, wie das geschehen konnte. Aber es dauerte lange, bis er den Grund wußte: Ein solcher Brunnen wird von Hunderten winziger Bäche gespeist, die unter der Erde für den ständigen Wasservorrat sorgen. Die winzigen Öffnungen der vielen Bächlein bleiben rein und offen, wenn immer wieder Wasser abgeschöpft wird. Wird ein solcher Brunnen aber nicht mehr benutzt, dann versiegen die Bäche.

Nach John A. Sanford[26]

Lieben, schenken, glauben ... müssen ständig geübt werden!

Du wirst einer Quelle gleichen,
deren Wasser nie versiegt (Jes 58, 11).

Die Taufpaten sollen dabei helfen – wie sie es ja bei der
Taufe versprechen –, daß aus dem Täufling ein guter Christ
wird.

Das Patenamt ist nicht nur ein Ehrenamt, sondern ein Dienst
am Leben des Kindes. Es bewahrt auch die Taufeltern vor
einer falschen Isolierung. Allerdings dürfte es konkret
schwierig sein, Einfluß auf die Erziehung des Kindes zu
nehmen, für das sie ja im Ernstfall alle Verantwortung übernehmen.

Voraussetzungen zum Patenamt

● Er/sie sollte mindestens 16 Jahre (Ausnahmen sind möglich), getauft und gefirmt (in der Firmung wurde das persönliche Ja zur eigenen Taufe gesagt) sowie Mitglied der
katholischen Kirche sein.

Ein evangelischer Christ kann nur Tauf*zeuge* sein, was
aber nichts an seiner Verantwortung und Befähigung zur
Patenschaft ändert. Er könnte jedoch in innere Schwierigkeiten geraten, wenn er im Ernstfall das Kind zur katholischen Kirche begleiten soll. Leider zeigen sich die christlichen Kirchen bisher noch unfähig, die fortdauernde
Trennung (trotz gegenseitiger Anerkennung der Ehe und

der Taufe) durch gemeinsame Feiern des Abendmahls bzw. der hl. Messe zu überwinden. So bedeutet Taufe letztlich das Eingangstor zu einer *bestimmten* christlichen Kirche, ob katholisch, evangelisch, anglikanisch usw.

- Er/sie sollte nicht zu alt sein, damit er/sie das Kind möglichst lange begleiten kann, besonders wenn es in die schwierigen Jahre der Pubertät kommt.
- Es sollte ihm/ihr am Herzen liegen, das Kind im Glauben wachsen zu sehen und kritisch zu begleiten. (Gibt es da noch genügend Christen?)
- Er/sie sollte in der Regel nicht zu weit weg wohnen: siehe „Pflichten" im Leben!

Ein zweiter Pate ist vielerorts üblich, aber nicht erforderlich.

Aufgaben bei der Taufe:

- Die Paten geben durch ein Ja die Zusage, den Eltern bei der christlichen Erziehung zu helfen.
- Sie können die Lesung vortragen.
- Sie bezeichnen nach den Eltern das Kind mit dem Zeichen des Kreuzes auf die Stirn.
- Sie können (auch selbst entworfene) Fürbitten vortragen.
- Mit den Eltern sagen sie dem Bösen ab („Wir widersagen") und bekennen sich zum Glauben der Kirche („Wir glauben").
- Sie legen bei der Taufe die Hand an/auf das Kind, *oder* eine/r trägt es, wenn die Mutter erschöpft ist, *oder* eine/r trocknet anschließend den Kopf des Kindes ab.
- Sie helfen beim Anziehen oder Überstreifen des weißen Kleides.
- Eine/r entzündet die Taufkerze an der Osterkerze.

Beachten Sie dabei bitte die ortsüblichen Bräuche: Manchmal übernehmen MinistrantInnen oder KüsterInnen diese Aufgabe.

„Pflichten" im Leben:

- Nicht nur „Geschenkautomat" sein, der am Geburtstag und vielleicht zu Weihnachten pflichtschuldig mit einem Geschenk (Alibi-Funktion) auftaucht, sondern im günstigsten Fall in allen Lebensbereichen Freund und Wegbegleiter des Patenkindes werden – eine Art irdischer Schutzengel.

- Ab und zu Einladungen aussprechen – zu einem gemeinsamen Wochenende, zum Bundesligaspiel oder Museumsbesuch ... Vor allem in Krankheit ist ein Lebenszeichen wichtig, und sei es nur ein Anruf.

  Das alles kann zur Plattform beitragen, im kritischen Alter der Pubertät mehr auszurichten als die Eltern; denn es kommt die Zeit, da ist das, was Eltern sagen, für viele Jugendliche schon deshalb falsch, weil es die Eltern sagen. Je vertrauter Sie dem Patenkind geworden sind, um so selbstverständlicher wird der Jugendliche Ihr Wort akzeptieren, und wenn Sie auch nur das sagen, was die Eltern ebenfalls meinen.

- Als geistlicher Elternteil dem/der Heranwachsenden nicht verschweigen, sondern sagen, woraus Sie leben, wie Sie beten und was Ihnen Hoffnung macht.

- Ein tägliches Gebet für Ihr Patenkind wie einen Schutzmantel um es legen über die Gebetsbrücke Christus.

- Sich in Bereitschaft halten, als Firmpate wieder angefragt zu werden. Das Amt eines Taufpaten ist immer auch eine Herausforderung und Frage an den eigenen Glauben, ob er den Röntgenaugen eines jungen Suchenden standhalten kann. Ist Ihr Christsein überzeugend? An welcher Stelle wäre ein Neubeginn wichtig?

Paten (und Eltern) sollten nach Möglichkeit nicht die Aufgabe des Fotografierens wahrnehmen, damit sie nicht vom Wesentlichen abgelenkt werden.

Hoffentlich sind die Ausführungen unter „Hauskirche" und „Patenamt" bei Ihnen nicht so angekommen, als ständen Sie jetzt unter dem Druck, einen Superchristen erziehen zu müssen. Es genügt schon, wenn der Täufling – wie wir auch – die Welt *etwas* heller machen und *ein wenig* Leben spenden kann, was nicht heißen soll, daß er nur „ein bißchen" christlich lebt.

Ein wenig Leben spenden

Einmal herrschte eine große Trockenheit in einem Gebiet südlich der Sahara. Das Steppengras kümmerte dahin, die Tiere fanden kein Wasser mehr, die Wüste war ständig im Vormarsch. Selbst dicke Bäume und an Dürre gewohnte Sträucher sahen ihrem Ende entgegen. Brunnen und Flüsse waren längst versiegt.
Nur eine einzige Blume überlebte die Trockenheit. Sie wuchs nahe einer winzigen Quelle. Doch auch die Quelle war dem Verzweifeln nahe: „Wozu mühe ich mich wegen dieser einzigen Blume, wo doch ringsum schon alles dürr ist?" Da beugte sich ein alter Baum über die kleine Quelle und sagte, ehe er selbst starb: „Liebe, kleine Quelle, niemand erwartet von dir, daß du die ganze Wüste zum Grünen bringst. Deine Aufgabe ist es, einer einzigen Blume Leben zu spenden, mehr nicht."

Märchen aus Nordafrika

Sakramente zeigen, wie gut Gott es mit uns meint.
Ja, Sakramente sind Liebeszeichen Gottes.
Hier werde ich von Gott – – geküßt,
der mir aber im alltäglichen Leben egal ist?

Zum Abschluß noch eine Meditation des Dichters und Pfarrers Wilhelm Willms. Er schrieb sie vor 1974. Aber müßte sie heute umgeschrieben werden?

Eine Strömung, die das Land wieder bewässert

gott
wir werden getauft
den ganzen tag
von morgens bis abends
getauft
überschüttet
beeinflußt
von dem was in der luft liegt
die luft ist verschmutzt
der schmutz legt sich auf uns
auf unseren körper
auch auf unsere seele
die luft ist verschmutzt
mit unfrieden
mit lüge
mit bosheit

gott
wir stehen im strom der zeit
lassen uns mitreißen
vom strom der zeit
lassen uns tragen
vom strom der zeit
wir treiben ab
auf dem strom der zeit
der strom der zeit
ist mächtig
und breit
und undurchsichtig
wie die ströme in unserem land
der strom der zeit
ist schmutzig
und giftig
eine ansteckende gefahr

gott
wo ist die strömung
in unserer zeit
in unserer welt
die uns reinigt
die gegenströmung
wo ist der jordan der buße
die strömung der umkehr
wo ist der strom
der rückwärts fließt
zu dir hin
ins paradies zurück
wo ist der strom
die strömung
mit deren wasser
wir getauft werden müssen
mit deren wasser
wir gereinigt werden können

wo ist der strom
wo ist der johannes
der täufer
der uns tauft
oder sind wir die strömung
müssen wir die strömung bilden
müssen wir uns zusammentun
daß eine strömung entsteht
die uns trägt
die uns reinigt
die das land wieder
bewässert
gott
mach uns zur strömung
einer neuen zeit
zum gegenstrom
laß uns vom gegenstrom

getragen werden
zurück
oder vorwärts
zu dir hin
in ein gereinigtes
leben
amen!

Wilhelm Willms[27]

Taufe

Getauft bin ich auf ein DU,
auf einen dreieinigen Gott,
auf einen Gott der Liebe,
der über das ICH hinaus-
geht
zum DU in Jesus Christus.

Getauft bin ich auf einen
dreieinigen Gott,
auf einen Gott, der in
Gemeinschaft lebt.
Getauft bin ich auf ein DU,
nicht auf ein ES, nicht auf
ein ICH.

Getauft bin ich auf ein DU,
nicht auf ein Amt,
nicht auf eine Institution,
nicht auf eine Religion.
Getauft bin ich auf ein DU.
         Martin Gutl[28]

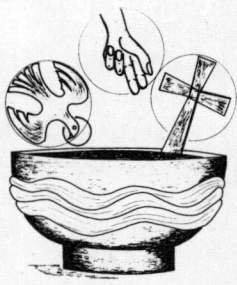

(Nach J. Hohmann,
Image 2077)

Anhang

1. Ablauf der Taufe (skizziert)

- Am Eingang der Kirche begrüßt der Priester oder Diakon die Taufgemeinde. Die Mutter trägt das Kind.
- Der Taufende fragt nach dem Namen des Kindes sowie danach, was die Eltern erbitten („Die Taufe") und ob die Paten dabei helfen wollen, daß aus dem Kind ein froher, überzeugter Christ wird („Ja").
- Nach einer Schriftlesung und Ansprache bezeichnet der Taufende das Kind mit dem Kreuzzeichen. Nach ihm zeichnen auch Eltern und Paten dem Kind das Kreuz auf die Stirn.
- Die Heiligen, besonders der Namenspatron des Kindes, werden um Beistand angerufen. („Bitte/t für uns!")
- Es folgen die Fürbitten und die Handauflegung (und eventuell die Salbung mit Katechumenenöl).
- Nach der Taufwasserweihe sagen Eltern und Paten dem Bösen ab („Wir widersagen") und bekennen sich zum Glauben („Wir glauben").
- Alle Anwesenden sprechen gemeinsam das Glaubensbekenntnis.
- Der Taufende gießt am Taufbrunnen Wasser über den Kopf des Kindes, nennt den Namen des Kindes und sagt dabei: „Ich taufe dich im Namen des Vaters und des Sohnes und des Hl. Geistes." (Im Notfall kann *jeder Mensch* in der richtigen Absicht auf diese Weise gültig taufen.)
- Das Kind wird mit Chrisam gesalbt (einer Mischung aus Olivenöl und Balsam).
- Das weiße Kleid wird dem Kind angezogen oder übergelegt.

- Die brennende Taufkerze, an der Osterkerze entzündet, wird einem Paten/dem Vater überreicht.
- Der Taufende berührt Ohren und Mund des neugetauften Kindes – wie Christus den Taubstummen heilte.
- Es folgt das gemeinsame Vaterunser.
- Der Taufende segnet (vor dem Altar) die Mutter, den Vater, die Paten und alle Anwesenden.

2. Fürbitten bei der Taufe (zur Auswahl)

- Wir beten für diese(s) Kind(er), daß es (sie) an Leib und Seele gesund bleibt (bleiben) und seinen Eltern Freude macht (machen).
- Wir beten für diese(s) Kind(er), daß es (sie) sich auf seinem (ihrem) Lebensweg an Christus ausrichtet (ausrichten).
- Wir beten für diese(s) Kind(er) und dessen (deren) Eltern, Geschwister und Paten: Laß sie miteinander den Weg des Glaubens und der Liebe gehen und dabei Geborgenheit und Freude erfahren.
- Wir beten für die Eltern und Paten dieses(r) Kindes(r): Laß sie mit deiner Hilfe glaubwürdige Zeugen deiner Liebe sein.
- Wir beten um Weisheit und Gottes Hilfe, damit unser Leben diese(s) Kind(er) nicht mit Vorurteilen belastet.
- Wir beten um Gottes Kraft und Stärke, damit wir zu dem Weg, den diese(s) Kind(er) einschlägt (einschlagen), ja sagen können.
- Wir beten für alle Kinder und Jugendlichen, daß sie Menschen finden, die ihnen Vorbild sind auf dem Weg zu Gott und im Bemühen um den Frieden in dieser Welt.
- Wir beten für alle Kinder und Jugendlichen, daß sie eine christliche Gemeinde finden, die sie mitträgt.

- Wir beten für unsere Gemeinde und alle christlichen Kirchen: Mache sie froh im Glauben, stark in der Hoffnung und überzeugend in der Liebe.
- Laß uns durch die Feier dieser Taufe etwas mehr zusammenwachsen als Glieder deiner Kirche, deren Haupt du selbst bist.
- Laß dein Geschenk der Taufe *allen* Menschen zuteil werden.

Wenn Sie durch einzelne Kinder die Taufkerze mit Symbolen aus Zierwachs schmücken lassen wollen, eignen sich folgende Wünsche. In Klammern steht jeweils das vorbereitete Symbol. (Bitte auswählen!)

- Laß dieses Kind nie vergessen, daß es in Jesus einen Freund und Bruder hat, der es durch alle schweren Situationen des Lebens begleiten will. (Kreuz)
- Laß es gute Freunde finden und Hände, die sich ihm entgegenstrecken. (Hände)
- Schenke ihm eine unerschöpfliche Geduld mit seinen Mitmenschen – Geduld als die Alltagsform der Liebe. (Herz)
- Gib ihm frohen Mut und Humor in allen Lebenslagen. (Sonne)
- Gib ihm ein offenes Ohr für die leise Stimme Gottes. (Ohr)
- Laß es bereit sein, den Heiligen Geist in sich aufzunehmen und ihn wirken zu lassen. (Feuerzungen)
- Schenke ihm ein Leben, das reiche Frucht bringt. (Baum mit Früchten)
- Gib ihm starke Wurzeln, die im Glauben verankert sind, gegen alle Stürme seiner Zeit. (Wurzeln, die unter den Baum geheftet werden)
- Schenke ihm den Mut, sich für eine lebendige Kirche Gottes und für seine Schöpfung einzusetzen. (Tempel mit ausströmendem Wasser)

Damit der Himmel schon hier auf Erden spürbar wird!
(Tiere, Blumen, Gras)

Barbara Sierp-Karasch

3. Gebete um die Zeit der Geburt und der Taufe

Gebet der Eheleute füreinander

Danke, Herr, daß wir uns gefunden haben. Danke, daß wir gesund sind und unsere Zukunft planen können. Hilf uns auf dem Weg, uns gegenseitig glücklich zu machen. Steh uns in Stunden der Prüfung und Versuchung bei und laß uns spätestens abends die Kraft zur Versöhnung aufbringen. Erhalte unsere Liebe – auch wenn wir einander enttäuschen. Mache unsere Ehe zu einem Ort der Geborgenheit, in der ein Kind (Kinder) ohne Angst aufwachsen kann (können) ...

Gebet einer Mutter nach der Geburt

Danke, Herr, für dieses Geschenk in meinen Armen. Du vertraust es unserer Liebe an. So gib uns auch alles, was nötig ist, um deine Liebe richtig weiterzugeben. Schenke uns die Bereitschaft, uns stören zu lassen. Laß uns geduldig sein und nicht zuviel mit strafendem Blick ersticken. Mach uns stark, es seine eigenen Wege entdecken und gehen zu lassen. Und laß uns in seiner Nähe sein, wenn es überfordert ist ...

Gebet eines Vaters nach der Geburt

Danke, Gott, für dieses gesunde Kind, dieses kleine Wunder, ein Abbild deiner Liebe. Laß es wachsen und reifen auf seinem Weg durch Sonne und Regen, durch Freude und Leid, durch Glück und Dornen. Lehre uns, wie du es auch getan hast, Versagen zu verzeihen. Wenn es herrschen will, soll es zuerst sich selbst beherrschen lernen. Gib ihm die Kraft, mit Belastungen fertig zu werden und froh in die Zukunft zu schauen. Schenke ihm die Zärtlichkeit der Seele und den Mut zum Dienen ...

Nach dem Gebet eines Vaters aus Taiwan

Gebet bei einem behinderten Kind

Herr, wir haben ein behindertes Kind. In dieser großen Belastung für unsere Familie begleite du uns jetzt in besonderer Weise: Bewahre uns vor der Gefahr, die Lebensfreude zu verlieren. Laß es auf unser Lächeln antworten und jedes gute Wort wie einen Sonnenstrahl ins Herz aufnehmen. Schenke uns Freude an jedem kleinen Fortschritt. Laß es uns (und den Geschwistern) ans Herz wachsen. Geh du mit auf den vielen Wegen zu Ärzten und Therapeuten. Stärke uns, wenn wir die gaffenden Blicke der Leute ertragen müssen. Du hast dich immer besonders um Kranke gekümmert, so lege auch jetzt deine Hand auf uns und stärke uns, damit wir diesem Kind gerecht werden können ...

Gebet der Eltern

Herr, die Anstrengungen der Geburt sind vorüber und vergessen. Jetzt hat unser Leben neuen Inhalt. Laß uns Zeit genug haben für diesen lebendigen Schatz. Laß uns erleben dürfen, wie unser Kind sich in seinen guten Anlagen entfaltet. Hilf uns, es so wachsen zu lassen, wie du es haben willst. Schenke uns Geduld in den Sorgen und Hoffnung in den Antworten auf seine Fragen. Stärke uns darin, es zu umarmen, wenn es weint – bis es wieder lachen kann. Laß es von Tag zu Tag mehr lernen, sein Leben selbst in die Hand zu nehmen. Gib ihm einen Glauben, der wirklich Denken und Tun durchdringt; einen Beruf, der Freude macht, und die Rückkehr auf den richtigen Weg, wenn es in die Irre gegangen ist ...

Gebet vor der Taufe

Herr, heute schenken wir dir unser Kind zurück, damit es noch einmal geboren wird aus dem Wasser und dem Heiligen Geist und unter deinem besonderen Schutz steht. Hilf uns dabei, es im christlichen Glauben zu erziehen, damit es spürt, wie es durch unser Sprechen und Tun an die Hand Christi genommen wird. Ja, segne seine Hände, um teilen zu lernen und diese Welt friedlich zu ordnen. Schenke ihm ein waches Gewissen, das Gut und Böse unterscheiden, und ein Herz, das lieben und verzeihen kann. So laß uns zu einer Familie zusammenwachsen, die von deiner Gesinnung und Barmherzigkeit getragen ist.

Gebet zur Taufe

Guter Gott! Wir Eltern und Paten bringen dir dieses Kind, dein wunderbares Geschenk, damit du seinen Namen in deine Hand schreibst. Trage du diesen unseren Schatz durchs Leben – wie du es uns allen in deinem Sohn versprochen hast. Segne seinen Mund, daß unser Kind genug lachen darf und die Sprache der Menschen und des Herzens erlernen kann. Segne seine Hände und Füße, daß es nicht stolpert in den Ärgernissen dieser Welt oder die Fäuste ballen muß bei zuviel Ungerechtigkeit. Und wenn die Macht der Sünde es einmal überwältigt, dann führe deine Hand es wieder zurück auf den Weg, den du für richtig hältst. Und leite uns alle zu dem Ziel, an dem uns einmal die Gemeinschaft bei dir zusammenführt ...

Ein kleines Kind, du großer Gott,
ist jetzt in unsrer Mitte.
Herr, du nimmst es auf bei dir.

Es ist noch hilflos, großer Gott,
und braucht den Schutz von dir.
Du breitest deine Hände aus.

Wir wollen mit ihm gehen, großer Gott,
ihm Beispiel sein und im Gebet ganz nahe.
Herr, wir geben dir das Wort.

Wir Eltern brauchen Kraft, du großer Gott,
Geduld, Vertrauen und die Liebe.
Mit deiner Hilfe werden wir es richtig machen,
Herr.

Du liebst die Kinder, großer Gott,
an ihnen sollen wir uns messen.
Die Augen und das Herz dazu schenkst du uns,
Herr.
                                    Rosemarie Köster

Segensgebet

Mein Kind!
Der Herr sei vor dir, um dir den rechten Weg zu zeigen.
Der Herr sei neben dir, um dich in die Arme zu schlie-
ßen, um dich zu schützen vor Gefahren. Der Herr sei
hinter dir, um dich zu bewahren vor der Heimtücke
des Bösen. Der Herr sei in dir, um dich zu trösten,
wenn du traurig bist. Der Herr umgebe dich wie eine
schützende Mauer, wenn andere über dich herfallen.
Der Herr sei über dir, um dich zu segnen. So segne
dich der gütige Gott – heute und morgen und immer!
            Dem hl. Patrick von Irland zugeschrieben

Ein Lied zur Taufe

(nach der Melodie Gotteslob 520: Liebster Jesu, wir sind hier ...)

Kind, du bist uns anvertraut.
Wozu werden wir dich bringen?
Wenn du deine Wege gehst,
wessen Lieder wirst du singen?
Welche Worte wirst du sagen
und an welches Ziel dich wagen?

Kampf und Krieg zerreißt die Welt,
einer drückt den andern nieder.
Dabei zählen Macht und Geld,
Klugheit und gesunde Glieder.
Mut und Freiheit, das sind Gaben,
die wir bitter nötig haben.

Freunde wollen wir dir sein,
sollst des Friedens Brücken bauen.
Denke nicht, du stehst allein;
kannst der Macht der Liebe trauen.
Taufe dich in Jesu Namen.
Er ist unsre Hoffnung. Amen.[29]

Siehe auch das Lied „Segne dieses Kind", Gotteslob 636 (Text: Lothar Zenetti).

Auch der folgende Text kann zum Gebet werden:

Die Schritte

Klein ist, mein Kind, dein erster Schritt,
klein wird dein letzter sein.
Den ersten gehn Vater und Mutter mit,
den letzten gehst du allein.
Sei's um ein Jahr, dann gehst du, Kind,
viel Schritte unbewacht,

wer weiß, was das dann für Schritte sind
im Licht und in der Nacht?
Geh kühnen Schritt, tu tapfren Tritt,
groß ist die Welt und dein.
Wir werden, mein Kind, nach dem letzten
Schritt wieder beisammen sein.

Albrecht Goes[30]

4. Sprüche für das Taufalbum

Jedes Kind bringt die Botschaft,
daß Gott die Lust am Menschen noch nicht verloren
hat. *(Tagore)*

Ein Kind ist ein Buch, aus dem wir lesen
und in das wir schreiben können. *(Peter Rosegger)*

Wie sich die Sonne birgt in jeder Blume,
birgt Gottes Antlitz sich in jedem Kind.

wir möchten nicht daß unser kind mit allen wassern gewaschen wird
wir möchten daß es
mit dem wasser der gerechtigkeit
mit dem wasser der barmherzigkeit
mit dem wasser der liebe und des friedens
reingewaschen wird

(Wilhelm Willms)[31]

Kinder sind keine Fässer, die gefüllt,
sondern Feuer, die entzündet werden sollen. *(Rabelais)*

In einem Haus voll Kinder hat der Teufel keine
Macht. *(Aus Kurdistan)*

Mit einer Kindheit voll Liebe
kannst du ein ganzes Leben lang aushalten. *(Jean Paul)*

Du bist zeitlebens für das verantwortlich,
was du dir vertraut gemacht hast.
(Antoine de Saint-Exupéry)

Wir können die Kinder nicht nach unserem Sinne formen; so wie Gott sie uns gab, muß man sie haben und
lieben.
(Johann Wolfgang von Goethe)

Ich liebe die Kinder, sagt Gott.
Ich will, daß alle ihnen gleichen.
Ich liebe die kleinen Kinder, sagt Gott,
weil mein Bild in ihnen noch ungetrübt ist.
Ich liebe die Kinder, weil sie noch fähig sind,
größer zu werden,
weil sie noch fähig sind, sich zu erheben.
(Michael Quoist)

Sieh in den Unarten deiner Kinder
die eigenen Fehler und erziehe dich selbst.
(Aus Deutschland)

Ein Kind, das ständig kritisiert wird,
lernt zu verurteilen.
Ein Kind, das geschlagen wird, schlägt selber zu.
Ein Kind, das verächtlich gemacht wird,
wird schüchtern und scheu.
Aber ein Kind, das ermutigt wird,
lernt sich selbst zu vertrauen.
Ein Kind, das Toleranz erfährt,
lernt geduldig zu sein.
Ein Kind, das gelobt wird,
lernt anerkennen zu können.

Ein Kind, das Fairneß erlebt,
lernt Gerechtigkeit zu üben.
Ein Kind, das Geborgenheit erlebt,
lernt vertrauen zu können.
Ein Kind, das anerkannt und geliebt wird,
kann Liebe in dieser Welt weitergeben.

Kümmere dich um so vielfältiger um die Erziehung,
je jünger die Kinder, und um so weniger,
je älter sie werden. *(Günter Clauser)*

Die Emanzipation der letzten Minderheit steht
noch aus:
Kinder haben ihr eigenes Recht zu leben.
Mach sie nicht zum Bild deiner selbst.
(Jahr des Kindes)

Du, Menschenkind: Ich hoffe für dich, für uns,
daß deine jetzt weit geöffneten,
fragenden, lachenden, staunenden Augen
sich nicht weiten müssen vor Entsetzen
in den kommenden Zeiten. *(H. D. Gölzenleuchter)*

Dort im kleinen Zimmer liegt das lebendige
Abbild deines Lebens.
Du berührst mit der Hand, dann mit den Lippen
die kleine Stirn,
um das selige Geschöpf ja nicht zu wecken.
Denkst du daran, daß auf der Erde ein anderes
Kind lebt, ebenso schön wie deins, ebenso
unschuldig wie deins, aber es schläft nicht; denn
es hat Hunger.
Es weint, denn es hat Hunger.
Und hungern wird es auch morgen, die nächste
Woche, an jedem Tag und immer.
Warum nicht deins und nicht die andern?
(Nach Raoul Follereau)

Und zum guten Schluß die „Anzeige":
    Wir haben höhere Ausgaben,
    kürzere Nächte,
    weniger Freizeit,
    mehr Sorgen,
    aber 7 Pfund mehr Glück!

5. Neuere Bräuche zur Taufe

- Jeder (jede Familie) bringt ein kleines Fläschchen mit Wasser, das zusammengeschüttet das Taufwasser ergibt. Darunter darf auch ruhig Lourdes- oder Jordanwasser sein. Solch ein Zeichen versinnbildet die Gemeinschaft, in die das Kind tritt.
- Ein Taufkleid, in das die Taufnamen oder Taufsymbole eingestickt sind, wird in der Familie weitergegeben – vielleicht sogar aus dem Brautkleid und/oder Schleier gefertigt. – Ähnlich können in einer Familientaufschale jeweils alle Namen und Taufdaten der Kinder eingraviert werden, die damit getauft wurden.
- Mit Verzierwachs läßt sich die Taufkerze des Täuflings schmücken. Hierbei können auch symbolisch Wünsche geäußert werden: Sonne – ich wünsche dir die Freundlichkeit Gottes; Haus – ich wünsche dir ein schönes Zuhause; Kirche – fühle dich im Hause Gottes wohl; Kreuz – folge dem Gekreuzigten und Auferstandenen ...
- Alle teilnehmenden Kinder bringen ihre Taufkerze mit. Sie betrachten und besprechen die darauf sichtbaren Symbole. Sie entzünden ihre Kerze noch einmal am Licht der Taufkerze des Täuflings = wir sollen die Welt heller machen. – Jedes Kind kann auch eine kleine Osterkerze zum gleichen Zweck erhalten. (Vorsicht, Brandgefahr!)

- Jeder Teilnehmer bringt eine Blume mit. Alle Blumen werden zu einem bunten Blumenstrauß zusammengefügt und den Eltern überreicht als Zeichen der Freude über das Geschenk dieses Menschenkindes. Das Bändchen, das die Blumen als Strauß zusammenhält, kann aber auch an das Band der Gemeinschaft erinnern, das in der christlichen Gemeinde spürbar sein sollte.

- Aus noch feuchtem Ton ist ein Kreuz geformt: Oben werden die Namen des Kindes und das Taufdatum eingeritzt; darunter sollen alle, die teilnehmen, einen Finger in den Ton drücken – ein bleibender Ein-druck vom Tag der Taufe. Dieses kleine Glaubensbekenntnis kann über dem Bettchen des Kindes hängen.

- Als Sinnbild des Lebens kann ein Bäumchen, z. B. ein „Lebensbaum" an geeigneter Stelle gepflanzt werden.

- Beim frohen Fest zu Hause steht ein Eimerchen mit Lauge bereit: Wenn Kinder und Erwachsene Riesenseifenblasen steigen lassen, soll zu jedem zerbrechlichen Wunderwerk ein Wunsch auf den Täufling ausgesprochen werden. *Rezept:* 10 l Wasser, 500 g Zucker, 25 g Tapetenkleister, $\frac{3}{4}$ l Neutralseife. Zubereitung: 1 l Wasser heiß machen und den Zucker darin auflösen. Diese Mischung in die restlichen 9 l Wasser (lauwarm!) einrühren, die anderen Zutaten dazugeben und so lange rühren, bis es etwas sämig geworden ist. Über Nacht stehen lassen und dann: Viel Spaß!

- Bei der Firmung soll der Jugendliche oder junge Erwachsene in die Taufkapelle gehen, um dort in einem eigenen Buch sein Ja einzutragen zu der Taufe, die er (hier) als Säugling empfing.

6. Taufgespräche – Wie wir es machen

(Dieser Abschnitt ist nur für Mitarbeiter von Taufgesprächen gedacht)

Vorbemerkungen

Der Mangel an Priestern und hauptamtlichen SeelsorgerInnen, der unsere missionarischen Kräfte beschneidet, läßt uns zunehmend fragen, an welcher Stelle wir in der Seelsorge Akzente setzen sollen. Die Entwicklungspsychologie sagt uns, daß entscheidende Lebensphasen im Alter des Menschen zwischen 1–5, 13–17 und 21–25 Jahren anzusiedeln sind. Die gezielten Bemühungen unserer Pfarreien um die Kommunionkinder, die nicht in diese Alterszonen fallen, müssen also in Frage gestellt werden. Keine Arbeit ist unwichtig, aber was geschieht denn an unseren Eltern mit Kleinkindern? Wirken wir als Seelsorger bis in Kindergärten? Wenn die Firmlinge nicht im schwierigen Pubertätsalter vorbereitet werden, was geschieht sonst in diesem Alter der Jugendlichen, in dem sich fast alle Gruppen auflösen? Und inwieweit kümmerten wir uns tatsächlich intensiv um die Brautpaare, wenn nicht die katholischen Bildungseinrichtungen Ehevorbereitungskurse anbieten würden? Ich frage mich auch schon seit Jahren, was der kurze „Höhenflug" der Kommunionkinder drei Monate nach dem „Fest" noch an Früchten zeitigt, ob Firmung nicht trotz aller Bemühungen – wie die Konfirmation in der evangelischen Kirche – meist Verabschiedung vom Glaubensleben der Pfarrgemeinde bedeutet und die kirchliche Trauung mit dem intensiven Kontakt zu jungen Eheleuten für die Gemeinschaft am Ort nicht viel bewirkt, weil sie danach woanders hinziehen. Darum bin ich der Meinung, es ist nötig, bei der Taufe in einer längeren Phase der Vorbereitung, klarzumachen, um welchen „Schatz" es sich bei diesem Sakrament handelt und um dafür Interesse zu wecken. Denn hier sind vielfach junge Menschen, die jahrelang keinen Kontakt zur Kirche hatten, plötzlich in einer Umdenkphase: Das Kind rüttelt ihren bisherigen Lebensrhythmus total durcheinander, und sie sind willens, wegen ihres Kindes das Leben anders einzurichten – auch in kirchlicher oder besser religiöser Hinsicht, weil sie eine wirkliche Alternative nicht gefunden haben. Darum haben wir in unserer Pfarrei drei Taufgesprächsabende „verpflichtend" gemacht – zum Teil befruchtet von den Anregungen aus dem Buch von Ernst Werner, Die Taufe in der Gemeinde, Handreichung für Taufgespräche mit Eltern, Kösel/Benziger 1981, und den Texten, die ich von Pfarrer Mathieu Gielen aus St. Michael, Velbert-Langenfeld, zugeschickt bekam. Wie in unserer Gemeinde die Taufvorbereitung gestaltet wird, können Sie den nachfolgenden Seiten entnehmen, wobei ausdrücklich vermerkt sei, daß wir uns noch in einer Experimentierphase befinden.

> *„Jeder Anspruch und jede Einladung von Erwachsenen muß eine freiwillige Entscheidung ermöglichen. Ein Zwang zur Teilnahme behindert die Bereitschaft zur echten Einstellungs- und Verhaltensüberprüfung oder gar -änderung."*
>
> *(Schmitt/Emeis)*

Bei der Anmeldung zur Taufe wird den Eltern nachfolgender Informationsbrief überreicht oder übersandt:

Liebe Taufeltern!
Wir gratulieren Ihnen zur Geburt Ihres Kindes und wünschen Ihnen viel Freude im Miteinander, das jetzt so manches verändert.

Vor allem freuen wir uns, daß Sie den Wunsch haben, Ihr Kind taufen zu lassen. Gerne möchten wir mit Ihnen als Mutter und Vater, aber auch den Paten (soweit das vom Weg her zumutbar ist) über den Sinn der Taufe sprechen. Es ist ja möglich, daß Ihnen, wie so vielen anderen, die Kirche mit den Jahren fremd geworden ist oder daß Sie sich in Paffendorf oder Zieverich als Zugezogene noch nicht so recht wohlfühlen: Taufe heißt ja auch aufgenommen werden in die Gemeinschaft der Christen, konkret also in die Gemeinde der Pfarrei St. Pankratius, Paffendorf, oder St. Gereon, Zieverich.

Deshalb sollen an drei Abenden zusammen mit Mitgliedern der Gemeinde folgende Themen besprochen werden, die Sie aber mitbestimmen können:

– Wie sieht der Ablauf der Taufe aus?
– Was bedeuten die vielen Zeichen bei der Taufe wie Wasser, Taufkleid, Taufkerze, Salbung mit Chrisam usw.?
– Warum schon Kinder taufen?
– Wie war das mit der „Erbsünde"?
– Ist die Familie heutzutage nicht mit einer christlichen Erziehung überfordert?
– Welche Aufgaben können Paten wahrnehmen?
– Was müßte die Kirche ändern, um heutzutage noch Menschen anzusprechen?
– Was kann ich von dieser Ortsgemeinde erwarten?

Bringen Sie an diesen Abenden bitte Ihre Fragen ein! Wir versprechen uns von diesen Treffen auch, daß Sie neue Menschen aus der Gemeinde kennenlernen oder sich einige Mütter (Väter) zusammentun, um gemeinsam mit Ihrem Kind oder mit Ihren Kindern im Pfarrhaus eine Kontakt- und Spielgruppe einzurichten – ohne jede Verpflichtung.

Für diese Vorbereitungsabende zur Taufe vermitteln wir Ihnen auch gerne einen zuverlässigen Babysitter.

Bitte rufen Sie uns an! (Dieses Angebot wurde bisher nicht wahrgenommen.)

Die Abende finden vierzehntägig von 20.15–21.30 Uhr im Pfarrhaus statt. Im Anschluß an die drei Abende können Sie sich einen Tauftermin aussuchen:

> Jeweils am ersten Samstag im Monat wird in St. Pankratius, Paffendorf, um 15.30 Uhr getauft und jeweils am zweiten Samstag im Monat in St. Gereon, Zieverich, ebenfalls um 15.30 Uhr.

Sie melden Ihr Kind zur Taufe an, weil Ihnen der christliche Glaube viel oder noch etwas bedeutet. Nur was Ihnen wichtig ist, wird auch Ihrem Kind einmal wichtig sein. Vielleicht helfen diese Abende, Ihrem Glauben eine bewußtere Richtung zu geben.

Gute Wünsche für Sie und Ihre ganze Familie im Namen des Taufgesprächsteams

Ihr N. N.

> *Katechese ist weniger Belehrung als vielmehr Bekehrung, das heißt Umstellung auf eine neue, nämlich christliche Lebensweise.*
>
> *(Schmitt/Emeis)*

Der Ablauf der drei Abende sieht in etwa so aus:

Erster Abend
Die Teilnehmer stellen sich vor: Name, Kinderzahl, Beruf (?), wo und wie lange sie hier wohnen.

a) Erzählen lassen über die Geburt und die ersten Wochen des Kindes in der Familie: Was hat sich seitdem alles in der Familie geändert?

b) Warum soll Ihr Kind getauft werden? (Kleingruppengespräch) (Hierzu für das Team folgende Informationen: „Kindertaufe, ja – nein?", siehe S. 75 f; „Von der Wirkung der Taufe", siehe S. 55–57; „Erbsünde", siehe S. 37 f) – Austausch im Kreis –

Das Wichtigste ist die Freude am Taufgespräch.
„Darum soll man sich nicht zu sehr den Kopf dar-
über zerbrechen, welche Lerninhalte geboten wer-
den, vielmehr muß die größte Sorge sein, wie man
erreichen kann, daß der, der im Glauben unter-
weist, dies mit Freuden tut."
(Augustinus)

Oder: Stichwortsammlung zu: Wirkung der Taufe. (Wichtig: Hier kann jeder mitmachen!)
Welche Ausdrücke bringen Sie persönlich mit Taufe in Verbindung? Wer möchte, kann auch eine Gewichtung, z. B.
von 1–5, vornehmen. Eine 1 bekommen die Stichworte, die
für Sie am wichtigsten sind. Das können ruhig mehrere sein.
Danksagen; im Wasser untertauchen; Befreiung; einen Teil
der Verantwortung an Gott abgeben dürfen; Pfingsten; Jesus
geht mit; Tradition; Kirche; sich von der Schwerkraft des
Bösen lösen; Wasser; das Leben in Fülle erhalten; Auferstehung; wie neugeboren; Segen; Vertrauen können; den
Namen in seine Hand schreiben; Freude; Ostern; mit dem
Heiligen Geist getauft werden; aus der Taufe gehoben werden; sich verwandeln lassen; Fest; sich waschen lassen;
Sünde; Erbsünde; Hoffnung;

Hier ist noch Platz für Ihre eigene Eintragung, was Sie bei
dieser Aufzählung noch vermissen. Das dürfen selbstver-
ständlich auch negative Eindrücke sein, die Sie mit Taufe
verbinden!

c) Ablauf der Taufe und Erklärung der Zeichensprache
(= Symbole) der Taufe (dazu je ein Merkblatt für jeden
Teilnehmer zum Mitnehmen. Siehe Seite 89 f u. 64 ff);
eventuell Aussprache.
d) Folgende Meditation kann auch eingefügt werden:

Wasser befreite zum Leben

Ich möchte Ihnen eine Geschichte vorlesen, um Ihnen die Wirkung der Taufe näherzubringen. Helen Keller verlor mit eineinhalb Jahren Augenlicht und Gehör. Sie war also blind und taub. Infolgedessen wurde sie auch stumm. Denn Sprechen lernt man nur durch Hören.Wie konnte aus diesem Kind, das lebendig begraben war, eine große, weltaufgeschlossene Frau werden? Helen Keller erzählt selbst:

Als ich sechs Jahre alt war, wurde mein Verlangen, mich verständlich zu machen, von Tag zu Tag größer. Da ich diese Mauer des Schweigens um mich nicht durchbrechen konnte, wurde ich immer öfter darüber wütend. Es war mir, als hielten mich unsichtbare Hände fest. Ich machte verzweifelte Anstrengungen, mich zu befreien. Meine Eltern waren tief bekümmert und völlig ratlos. Doch im Jahre 1887, drei Monate vor meinem siebten Geburtstag, geschah etwas, das mein Leben von Grund auf änderte.

Eine junge Lehrerin, Fräulein Sullivan, kam zu mir. Am Morgen nach ihrer Ankunft führte mich Frl. Sullivan in ihr Zimmer und gab mir eine kleine Puppe. Als ich ein Weilchen mit ihr gespielt hatte, buchstabierte Fräulein Sullivan langsam das Wort „Puppe" in meine Hand. Dieses Fingerspiel interessierte mich sofort, und ich begann es nachzumachen. Als es mir endlich gelungen war, die Buchstaben genau nachzuahmen, errötete ich vor Freude und kindlichem Stolz. Ich lief die Treppe hinunter zu meiner Mutter, streckte meine Hand aus und machte die eben gelernten Buchstaben vor. Ich wußte damals noch nicht, daß ich ein Wort buchstabierte, ja nicht einmal, daß es überhaupt Wörter gibt; ich bewegte einfach meine Finger in affenartiger Nachahmung. Auf diese Weise lernte ich eine Menge Wörter buchstabieren. Aber erst nach einigen Wochen geschah das Wunder. Das kam so:

Wir hatten eine Auseinandersetzung über die Wörter Gefäß und Wasser gehabt. Fräulein Sullivan hatte mir einzuprägen versucht, daß der Becher das Gefäß und das Wasser der Inhalt sei, aber ich blieb beharrlich dabei, beides zu verwechseln. Verzweifelt hatte sie das Thema fallengelassen. Sie brachte mir meinen Hut, und wir gingen zum Brunnen. Meine Lehrerin hielt mir die Hand unter das Rohr. Während der kühle Strom über meine Hände sprudelte, buchstabierte sie in die andere Hand das Wort Wasser. Ich stand still und verfolgte gespannt die Bewegung der Finger. Mit einem Mal erkannte ich das Geheimnis der Sprache. Jedes Ding hatte einen Namen! Ich wußte jetzt, daß Wasser jenes wundervolle kühle Etwas bedeutet, das über meine Hand hinströmte. Dieses lebendige Wort erweckte meine Seele zum Leben, spendete ihr Licht, Hoffnung, Freude, befreite sie von ihren Fesseln!

(*Pause*. Danach hält nacheinander jeder Teilnehmer seine Hände über eine Schüssel und läßt sich mit geschlossenen Augen etwas Wasser über die Hände gießen.)

Ich verließ den Brunnen voller Lernbegier, betastete jeden Gegenstand, an dem wir vorüberkamen, die Bäume, die Blumen, das Haus. Ich wollte erfahren, wie das alles hieß. Jedes Ding hatte seinen Namen! Ich lernte an diesem Tag eine große Menge neuer Wörter. Ich erinnere mich nicht mehr an alle, aber ich weiß, daß Mutter, Vater, Schwester unter ihnen waren – Wörter, die die Welt für mich erblühen machten.[32]

Helen Keller ist aus ihrem engen Kerker befreit worden durch das Wasser, durch das Wasser, das ihr über die Hand strömte. „Dieses lebendige Wort", schreibt sie, „erweckte meine Seele zum Leben, spendete ihr Licht, Hoffnung, Freude und befreite sie von ihren Fesseln."

So befreit uns die Taufe zu einem neuen, gottnahen Leben.

Zweiter Abend
Die Teilnehmer stellen sich vor, wie oben ... (wenn der Personenkreis wechselt).

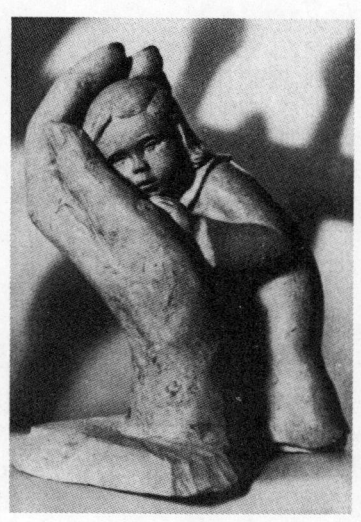

a) Die Fotokarte „Bleib sein Kind" von Dorothea Steigerwald (Motiv K 81) im Brendow-Verlag, D–4130 Moers 1, zur Meditation für jeden Teilnehmer (eventuell verschenken). Kleingruppengespräch: Welche Gedanken kommen Ihnen bei diesem Bild? Wünsche? Ängste? Erfahrungen?
Weiterführendes Gespräch mit dem Ziel: Ein Kind ist ein Geschenk, nicht Besitz. Ein Kind ist eine eigen-

ständige Person, die wir ins Leben loslassen müssen. Hierzu der nachfolgende Text:

> *Deine Kinder sind nicht deine Kinder.*
> *Sie kommen durch dich, aber nicht von dir;*
> *und sind sie auch bei dir,*
> *so gehören sie dir doch nicht.*
> *Du darfst ihnen deine Liebe geben,*
> *aber nicht deine Gedanken;*
> *denn sie haben ihre eigenen Gedanken.*
> *Du kannst ihrem Leib ein Heim geben,*
> *aber nicht ihrer Seele;*
> *denn ihre Seele wohnt im Haus von morgen,*
> *das du nicht betreten kannst,*
> *nicht einmal in deinen Träumen.*
> *Du kannst versuchen, ihnen gleich zu werden,*
> *aber versuche nicht,*
> *sie dir gleichzumachen;*
> *denn das Leben läuft nicht rückwärts,*
> *noch verweilt es beim Gestern.*
> *Du bist der Bogen, von dem deine Kinder*
> *als lebende Pfeile entsandt werden.*
>
> *Kahlil Gibran*[33]

b) Wie sieht religiöse und christliche Erziehung heute aus? Erinnern Sie sich noch an die religiöse Erziehung durch Ihre Eltern? Was können Sie davon übernehmen? Was sehen Sie heute anders? – Großes Rundgespräch – (für die Hand des Teams: „Hauskirche", siehe S. 78 f)

c) Meditation mit trockenem und knetbarem Ton.
Material: Je eine Glasschüssel trockener und knetbarer Ton; pro Person eine Kugel. Eine Kanne Wasser, Schalen für jeden. Diese Meditation, wenn möglich, bei Kerzenlicht.

– Auf dem Tisch die Glasschüssel mit trockenem Ton und der Krug Wasser; jeder bekommt eine Schale. Die

Glasschüssel wird herumgereicht, und jeder nimmt sich ein paar Brocken heraus (schweigend).

Text: Wie trocken der Ton ist! Geformtes läßt sich wieder leicht auseinanderbrechen. Er ist spröde, unbrauchbar, ja, eigentlich tot.

– Reihum gibt jeder seinen Anteil wieder in die Glasschüssel zurück.

Text: Das erinnert an Aschermittwoch: Staub bist du, und zum Staub wirst du zurückkehren. Aber dazwischen, zwischen diesem Anfang und diesem Ende, da muß doch noch etwas sein!

– Aus dem Krug Wasser daraufschütten.

Text: Hören Sie, wie das Wasser den trockenen Ton durchdringt, wie es alle hohlen Räume ausfüllt? So durchdringt im Wasser der Taufe Gottes Geist den Menschen.

– Den knetbaren Ton herumgeben; jeder nimmt sich eine Kugel heraus. Sichtbar formen und kneten.

Text: Wenn wir dieses Wasser zulassen, werden wir wie der Ton geschmeidig, formbar, lebendig ...

– Kneten und formen.

Text: Aber nicht nur der Ton benötigt immer wieder neues Wasser, wenn er nicht spröde und rissig werden soll. Auch wir brauchen ständig Nahrung für unsere Seele, damit sie nicht austrocknet. –

Überleitung zu Gemeinschaft, Kirche, Sakramente, christlicher Erziehung möglich.

Barbara Sierp-Karasch

Was ist Aufgabe der Paten? (Hierzu für das Team: „Die Taufpaten", siehe S. 81 ff.) Das Merkblatt hierzu *kann* mitgenommen werden.

Wer sich beim Taufgespräch einsetzt, setzt sich aus. Wer gewinnen will, riskiert Verluste. Darum liegt das Hauptproblem des Glaubensgesprächs für den

Seelsorger darin, wie er die geheimen Widerstände und Ängste, den Mißerfolg und das Ungenügen verarbeitet, oder positiv gesagt, wie er den Mut zum Risiko und die Freude am Gespräch bewahren kann. (*Rolf Zerfaß*)

Dritter Abend

Die Teilnehmer stellen sich vor: wie oben ... (wenn der Personenkreis wechselt).

a) Welche Erfahrung haben Sie bisher mit Kirche oder christlicher Gemeinde gemacht? (Diesen Punkt ziehen wir neuerdings auf den ersten Abend vor, weil wir erfahren haben, daß hier viele „abladen", was andererseits die „Atmosphäre" reinigt.) Was müßte Kirche und konkrete Ortsgemeinde unternehmen, um Menschen heute mehr anzusprechen? Kleingruppengespräch – Austausch im Kreis.

(Sagen, was in der Pfarrgemeinde angeboten wird zur Unterstützung der christlichen Erziehung: Kleinkindergottesdienst einmal monatlich; Gesprächsabende der Familienbildungsstätte im Winter einmal monatlich; wöchentliche Besuche des Pfarrers in den Kindergartengruppen; Zusammenarbeit von Kindergärten/Kirche, z. B. monatlicher Besuch der Kirche; Beginn des Martinsfestes usw.; Kontaktgruppen im Pfarrhaus und -garten.)

Ziel: Schauen Sie nicht so sehr auf die Institution Kirche, sondern auf die konkrete Ortsgemeinde: Hier können Sie selbst etwas ändern!

b) Dieser Abend dient der konkreten Absprache zur Taufe: Wann wollen Sie taufen lassen? (Formular zum Ausfüllen mitgeben; im Pfarrhaus vorrätig.) Taufkerzen anbieten (im Pfarrhaus vorrätig).

Praktische Hinweise:
• Bitte für das Kind etwas Trinkbares mitbringen, falls es zu sehr schreit).

- Sie *sollen* fotografieren; FotografIn sollte aber möglichst nicht einer der Eltern oder Paten sein, damit bei ihnen das Wesentliche nicht zu kurz kommt.
- Die Eltern werden mit ihrem Täufling vom Pfarrer am Eingang der Kirche empfangen.
- Wer möchte etwas über den Taufpatron (= Heiligen) erfahren? Der erste Elternbrief wird mitgegeben (im Pfarrhaus vorrätig). Er erscheint, von der Deutschen Bischofskonferenz herausgegeben, kostenlos bei „Elternbriefe du und wir e.V.", Kaiserstr. 163, 5300 Bonn 1.

c) Wer möchte sich an einer Eltern/Kind-Gruppe („Krabbelgruppe") beteiligen? Soll das Gespräch fortgesetzt werden? Sollen sich alle, die in diesem Jahr eine Taufe feierten, noch einmal treffen? (Vielleicht möchten einige einen Familienkreis gründen?)
Sie sehen: Alles ist also auf Gemeinschaft und Begegnung abgestellt; aber Taufe hat ja eine Menge mit Gemeinschaft zu tun!

d) Meditation mit Kerzen
Material: Standfeste Kerzen in verschiedener Größe, Dicke und Farbe; Streichhölzer, eine kleine Schale mit Wasser; eine kleine Kerze.
Es ist dunkel.
Text: Wenn es finster um uns wird, sind wir froh, wenn wenigstens ein Licht da ist.
– Eine Kerze anzünden.
Text: Wir werden von dem Licht angezogen, aber eine einzige Kerze macht es nicht hell genug.
– Korb mit Kerzen herumgehen lassen. Jeder nimmt sich eine Kerze heraus; sie werden nacheinander angezündet und dazugestellt.
Text: Erst mehrere Kerzen machen das Dunkel hell.
– Pause. Wie verschieden ihr Äußeres ist! Und doch sind ihr Licht und ihre Wärme gleich stark. – Pause.
So ist es mit der kirchlichen Gemeinde: Erst in der

Gemeinschaft können Licht und Wärme der Liebe Gottes die Dunkelheit vollständig verdrängen. Wir dürfen dabei ganz verschiedene Menschen sein und bleiben. – Was zählt, ist die Flamme.

– Eventuell den Korb mit Kerzen noch einmal herumgehen lassen, falls nicht genügend Kerzen den Raum erleuchten.

Text: Taufe, das ist Aufnahme in die christliche Gemeinschaft.

– Jeder zündet noch eine Kerze an und stellt sie dazu, und/oder es wird (nur) eine kleine Kerze in die Schale mit Wasser gestellt.

Barbara Sierp-Karasch

Anpassungsfähigkeit derer, die das Glaubensgespräch tragen, ist gefragt. So umschreibt schon Augustinus diese Fähigkeit mit „Liebe, die nicht sich selbst sucht": „Mit dem einen ist sie kindlich, mit dem anderen schwach; die einen sucht sie aufzurichten, die anderen nicht zu überfordern; zu den einen neigt sie sich, zu den anderen streckt sie sich; den einen ist sie gütig, zu den anderen streng; keinem ist sie Feind; allen ist sie Mutter."

Regeln für das Taufgesprächsteam bei den Gesprächsabenden

1. Gehen Sie auf die Gesprächspartner und ihre Fragen ein; versuchen Sie nicht, Ihr „Programm" für den Abend durchzuziehen. Machen Sie sich also frei von dem Druck, möglichst viel an Inhalten über die Taufe vermitteln zu wollen.
2. Eine gute, offene, vertrauensvolle Gesprächsatmosphäre ohne Heuchelei und Masken ist wichtig. Sie schaffen eine Atmosphäre des Vertrauens durch gutes *Zuhören*.

3. Nehmen Sie den Gesprächspartner mit seinem Glauben und seinen Fragen, seinen Zweifeln und Gefühlen sehr ernst, auch wenn er Dinge sagt, über die Sie innerlich den Kopf schütteln. Vielleicht legt er es darauf an, Sie zu reizen. Er zeigt damit an, daß in ihm Gefühle hochsteigen, die er noch nicht verarbeitet hat. – Es ist schon eine ganze Menge, wenn der Abend gut verlaufen ist, aber Sie dürfen sich auch ärgern und das zeigen, wenn einer lächerlich machen will, was Ihnen wichtig und heilig ist.

4. Vermeiden Sie ein *voreiliges* Bewerten und Richtigstellen.

5. Bleiben Sie beim Thema, und kommen Sie nicht vom „Hölzchen aufs Stöckchen".

6. Lassen Sie – wie leider beliebt – beim Rundgespräch nie durcheinanderreden.

7. Wenn Sie sich zu sehr mit einem Gesprächspartner an einem Punkt festbeißen, verlegen Sie eine Weiterführung des Gespräches auf einen späteren Zeitpunkt. Im Eifer des Gefechtes merken Sie nämlich oft nicht, wie die anderen schon gähnen.

8. Sprechen Sie im „Ich"-Ton; nie „man/frau" sagt ...

9. Führen Sie keinen zu langen Monolog, zumal wenn ihre Gegenüber nicht viel sagen: Es ist entscheidend, daß *die anderen* aus sich herauskommen. Lernen Sie das Glaubensverständnis *der anderen* kennen! Freie Meinungsäußerung ist dabei oberstes Gebot. Sie können schließlich *Ihr* Glaubensbekenntnis irgendwann danebensetzen (nicht *dagegen*setzen) – wenn es angebracht ist.

10. Sprechen Sie einfach, und vermeiden Sie kirchliche Begriffe, die für andere zur Leerformel geworden sind, z. B. die Worte „heiligmachende Gnade", „im Heiligen Geist getauft werden" oder „auf Tod und Auferstehung Christi getauft werden", was

natürlich nicht heißen soll, daß die Themen Tod, Kreuz und Auferstehung ausgespart werden.

11. Ertragen Sie die Stille nach einer gestellten Frage. Der Hl. Geist braucht oft Zeit, „um zu landen". Es kann allerdings auch sein, daß die anderen die Frage nicht richtig verstanden haben. Dann versuchen Sie die Frage nochmals mit anderen Worten zu formulieren. – Schauen Sie auch einmal die „Stillen" im Kreis aufmunternd an!

12. Beachten Sie die Signale des Körpers – bei sich selbst und bei anderen.

13. Sprechen Sie offen aus, wenn Sie Langeweile bekommen oder Angst, wenn Sie sich ärgern oder etwas nicht verstehen. Störungen, Spannungen und leidenschaftliche Gefühle haben immer Vorrang.

14. Seien Sie offen dafür, an so einem Abend auch selbst etwas zu empfangen.

15. Die Sitzordnung ist wichtig: Jeder sollte jeden sehen.

16. Bevorzugen Sie Kleingruppen, und lassen Sie kurz Ergebnisse aus den Kleingruppen wiedergeben. Kleingruppen machen dem einzelnen mehr Mut, sich zu äußern.

17. Fangen Sie möglichst pünktlich an.

18. Sagen Sie zu Beginn, wie lange der Abend geht und welche Themen ins Auge gefaßt werden.

19. Geben Sie ein „Feed back", und nehmen Sie Rückmeldungen aller Art an.

20. Fassen Sie zum Schluß noch einmal die Ergebnisse zusammen, und nennen Sie offengebliebene Wünsche und Fragen.

Bisherige Erfahrungen

Die Damen und Herren der drei Vorbereitungsgruppen (je drei Personen leiten einen Kurs), die zum Teil aus dem Pfarrgemeinderat sind und an mehreren Abenden vorbereitet wurden, haben überwiegend positive Erfahrungen gemacht. Unterschiedlich wird beurteilt, daß ich als Pfarrer an den Abenden nicht teilnehme. Das läßt zwar die Gespräche offener und ehrlicher werden, aber viele Eltern kritisieren, daß sie dann den Pfarrer erst bei der Taufe selbst persönlich kennenlernen. Momentan scheint es mir sinnvoller, die Zeit, die mir ja nicht unbegrenzt zur Verfügung steht, auch in Besuche von Kindergärten und in Elternabende zu investieren, um besonders die Kinder dieser Jahrgangsstufen und deren Eltern zu erreichen.

7. Skizzierte Taufansprachen
(Dieses Kapitel richtet sich nur an den Taufenden)

Auf beiden Beinen im Leben stehen

Evangelium: Mt 22, 34–40 (Gottes- und Nächstenliebe)

(Ich zeige zwei kleine Webrahmen aus schmalen Leisten, etwa 20 × 40 cm groß. Einer ist nur senkrecht bespannt, der andere zeigt ein Stück Gewebe aus senkrechten und waagerechten Fäden.) Jesus umschreibt die Standfestigkeit für das Leben mit Gottes- und Nächstenliebe. Über letzteres brauchen wir wohl nicht zu diskutieren, aber in der Gottesliebe ist Ihr Kind ganz auf Ihr Vorbild angewiesen, da es bis zu 90 % durch Nachahmung lernt!

Was es bedeutet, fest auf beiden Beinen zu stehen, zeigt im Gleichnis dieser Webrahmen, der nur mit senkrechten Fäden bespannt ist (= Gottesliebe, die Jesus ja an erster Stelle nennt). Wenn ich sie mit der Schere herausschneide, habe ich nur lose Fransen in der Hand. Erst wenn die Fäden der Gottes- *und* Nächstenliebe ineinandergreifen – wie bei diesem anderen Webrahmen – hält das Gewebe zusammen. Nun kann ich etwas damit wärmen.

Sie zeichnen gleich dem Kind ein Kreuz auf die Stirn und sollen das in Zukunft öfter tun: Erinnern Sie sich dann bitte an die beiden Richtungen, die Jesus uns aufgetragen hat: Hab eine „Antenne" für deinen Schöpfer und Erlöser (= senkrechter Balken), und hab ein Herz für den neben dir, vor allem für den in Not (= waagerechter Balken).

(Ausführlicher in meiner Predigt in Klemens Richter (Hg.), „Zum Leben geboren. Taufansprachen", Herder Verlag, Freiburg 1986, S. 27 f, ähnlich in meinen „99 Kinderpredigten. Mit Gegenständen aus dem Alltag", Nr. 59, Matthias-Grünewald-Verlag, Mainz ²1988)

Von Gott gehalten

Evangelium: Mt 22, 34–40; Mk 12, 28b–31; Lk 10, 25–27 (Hauptgebot)

(Ich zeige eine Single-Schallplatte und erst später den Stift, der die Platte hält.)
Wir wünschen mit Ihnen, liebe Eltern, daß von Ihrem Kind eine schöne Melodie ausgehen wird, die unsere Welt bereichert. Sie sehen, ich spreche im Gleichnis der Musik – genauer einer Schallplatte. Die A-Seite, meist der „Hit", soll die Nächstenliebe bedeuten ... Die B-Seite heißt: Lerne dich selbst lieben, Kind; sag ja zu dir, so wie du bist, und werde keine (schlechte) Kopie irgendeines Menschen. Die Eheberatung sagt uns z. B., wie wichtig das Selbstwertgefühl ist, wenn eine Ehe gelingen soll: Nur wer sich selbst mit seinen Fähigkeiten, aber auch mit seinen Unzulänglichkeiten lieben kann, der kann erst wirklich einen anderen neben sich lieben und auch zu Gott vorbehaltlos ja sagen.

Wo bleibt nun aber die Gottesliebe, die doch Jesus an erster Stelle im Hauptgebot nennt? Sie ist vergleichbar mit diesem kleinen Stift hier, der die Schallplatte hält. Leicht zu übersehen, aber wenn er nicht die Platte ausrichtet, dann leiern beide Seiten: Nächstenliebe und Selbstliebe. Das Wort „Religion" heißt übrigens „sich halten lassen von einem ganz anderen"! Wenn Ihr Kind sich so gehalten fühlt, dann wird es uns sicherlich Freude machen, die beiden Seiten seiner Lebensplatte anzuhören.

(Vgl. „99 Kinderpredigten. Mit Gegenständen aus dem Alltag", Nr. 60, Matthias-Grünewald-Verlag, Mainz ²1988; eine Idee von Renate John)

Das Hemd des Glücklichen (das Taufkleid)

Evangelium: Mk 5, 24–29.34 (ähnlich Mt 9, 19–22; Lk 8, 42–48: Die Frau berührte sein Gewand)

Der sterbenskranke Sohn eines Königs brauchte als Medizin „das Hemd eines Glücklichen" (vgl. „Kurzgeschichten 1", Nr. 192), aber als endlich ein Glücklicher gefunden ist, stellt sich heraus, daß er kein Hemd besitzt. – Der Ausgang der Geschichte verwirrt: Sind in unserer Welt denn Glück und Zufriedenheit nicht möglich?
Gleich nach der Taufe werden wir dem Kind dieses Taufkleid überstreifen: Es ist das „Hemd des Glücklichen"! Wir haben es ja eben im Evangelium gehört: Die kranke Frau brauchte nur das Gewand von Jesus zu berühren und war gesund. Dieses Taufkleid sagt: „Du hast Christus angezogen. Du bist neu geschaffen."
Wer sich an Jesus hält, kann glücklich werden, denn Jesus war der zufriedenste und glücklichste Mensch der Welt, weil er sich ganz bei seinem Vater geborgen

fühlte. Wer mit den Augen dieses Jesus die Welt besieht, sieht alles in einem anderen Licht; der kann auch mitten im Wohlstand glücklich und zufrieden sein, weil er sich vom materiellen Besitz allein nicht beherrschen läßt.

(Stark verkürzt nach Felicitas Hestermann in „Familien- und Jugendgottesdienste", Bergmoser + Höller, Aachen, 6/90)

Komm – folge mir nach!

Evangelium: Mt 16, 24–28 (ähnlich Mk 8, 34–9, 1; Lk 9, 23–27: Wer mir nachfolgen will)

(Drei ausgeschnittene Fußabdrücke: vom Säugling, vom Erwachsenen und übergroß von Jesus. – Pr zeigt alle drei Fußabdrücke, dann den des Kindes)
Das könnte der Fußabdruck Ihres Kindes sein. Schneller als Ihnen vielleicht lieb ist, krabbelt es umher und wagt die ersten Schritte. Nach welchen Gesichtspunkten lassen Sie es dann wohin laufen?
(Pr zeigt den Fußabdruck des Erwachsenen) Das könnte Ihr Fußabdruck sein. Ein Kind lernt bis zu 90 % durch Nachahmen. Sie merken es auch an seiner Sprache bis in die feinen Nuancen hinein. Es liest an Ihren Schritten, an Ihrer Stimme ab, was gut und gewollt und böse und gefährlich ist. Zunächst braucht das Kind einen festen Standpunkt für sein Leben, bevor es seinen eigenen sucht. Welchen Standpunkt wollen Sie ihm vorleben?
(Pr zeigt den übergroßen Fußabdruck Jesu) Dieser Jesus hat gesagt: „Komm, folge mir nach!" und „Ich bin der Weg, die Wahrheit und das Leben!" (Joh 14, 6) Sie haben Ihr Kind hierhin gebracht. Jesus lädt Sie ein, ihm zu folgen. Weil Jesus unsichtbar ist, liegt es in Ihrer Hand, dem Kind den Weg Jesu zu zeigen. Unsere Gemeinschaft der Christen, in die Ihr

Kind heute aufgenommen wird, will Ihnen dabei helfen.

(Frei nach Martin Auffarth, Kindermeßbörse 90–1, S. 7)

Die Auferstehungsblume oder „Rose von Jericho"
Siehe in diesem Buch S. 20.

Das Wasser des Lebens
Ich zeige das Taufkännchen mit Wasser und erzähle von dem, was in diesem Buch ausgeführt ist: Wasser, diese kostbare Gabe, ist erfrischend und schön, lebensnotwendig und gefährdet, reinigt, heilt und verwandelt. Und das deute ich dann auf das Innere des Menschen ...

8. Tauffeiern im Erstkommunionalter

Es häufen sich bei Kommunionkindern die Bewerberinnen und Bewerber, die noch nicht getauft sind. Hier bieten sich folgende Sinnbilder an, die auch für unsere Sinne die Bedeutung des Taufsakramentes herauseheben.

a) *Im Zeichen der Sonne*

Eine Sonne (= Jesus, Licht der Welt), an die bereits die Strahlen der getauften Kinder der Kommuniongruppe befestigt sind. Nach der Taufe heftet der Neugetaufte seinen „Strahl" hinzu (= Ich möchte auch die Welt vom Lichte Jesu her heller machen). So wie vorher die anderen Kinder schon ihren Namen auf den Strahl schrieben, kann das jetzt auch der Neugetaufte.

b) Im Zeichen der Sonnenblume

Die übrigen Kinder der Erstkommuniongruppe heften an den Boden der Sonnenblume „ihr" Blütenblatt, auf das sie ihren Namen schreiben. Nach der Taufe fügt der Täufling „sein" Blütenblatt mit seinem Namen hinzu. (Deutung wie unter a).

c) Im Zeichen eines Leuchters

In einen mehrarmigen Kerzenleuchter wird die Osterkerze gestellt. Um diesen „Stamm" und die Arme des Leuchters (Evangelium: Joh 15, 1–5: Ich bin der Weinstock, ihr seid die Rebzweige, oder: Joh 8, 12: Jesus ist das Licht der Welt, und Mt 5, 14–16: Ihr seid das Licht der Welt) wird eine Lichterkette gelegt. In sie hinein werden verschiedenartige (helle, matte, große, kleine, lange, kurze) Birnen in die Fassungen gedreht: Alle, die seit der Taufe „Kontakt" mit Jesus haben, leuchten verschiedenartig; aber nur die besitzen Leuchtkraft, die „festen Kontakt" haben. Manchmal ist das christliche Leben sehr wechselhaft (= Wackelkontakt). Je weniger „Widerstand" die Birnen haben, um so heller leuchten sie. Ganz große „Leuchten" in der Kirche sind die Heiligen, nach denen wir uns benennen und die unsere himmlischen Helfer sind. Eine Birne kann nach außen noch so intakt und eindrucksvoll sein, wenn die Verbindung zur Kraftquelle Christus fehlt, nützt das alles nichts. – Nach der Taufe schraubt der Täufling seine Leuchte ans Stromnetz.

(Nach einer Idee der Pfarrei St. Cosmas und Damian, D–4724 Wadersloh-Liesborn; vgl. Kindermeßbörse Nr. 91–1)

d) Im Zeichen von „Swimmy"

Jedes Kind fügt einen gemalten Fisch mit eigenem Namen in die Umrisse eines großen Fisches. Der schwarze Fisch = das Auge des Riesenfisches = Swimmy wird mit einem Christusbild überklebt. Das bedeutet: Seit der Taufe sind wir in Christus eingegliedert, der den Weg zum Vater kennt. In Ihm sind wir stark, wenn wir zu einer Gemeinschaft zusammenwachsen. – Nach der Taufe heftet der Täufling seinen gemalten Fisch zu den anderen und schreibt seinen Namen darauf. Weitere Gedanken: Fisch als Geheimzeichen der Urchristen. Christus, der Fisch. Fisch als Zeichen der Eucharistie (vgl. S. 46 f).

e) Im Zeichen des Fußes (= der Nachfolge)

(Benötigt werden verschieden große aus Pappe ausgeschnittene Fußumrisse.) Hinter einen übergroßen Fußabdruck (= Jesus) werden mittelgroße Fußstapfen (= Eltern, Paten, Erzieher) geheftet, dahinter die Fußumrisse schon getaufter Kinder mit ihren Namen. Nach der Taufe fügt auch der Täufling seinen Fußumriß an und schreibt seinen Namen darauf. Deutung: Wir folgen Jesus nach (Mt 16, 24 ff: Wer mir nachfolgen will), der für uns der Weg, die Wahrheit und das Leben ist (= Joh 14, 6). Hierbei wird besonders auf das Vorbild und die Begleitung der Eltern und Paten hingewiesen. (Vgl. „Skizzierte Taufansprachen" im vorangegangenen Kapitel unter „Komm – folge mir nach!")

f) Im Zeichen einer Mauer aus „lebendigen" Steinen

Jedes Kind legt einen Mauerstein auf eine angefangene Mauer (nach 1 Petr 2, 5–10: Laßt euch als lebendige

Steine zu einem geistigen Haus aufbauen!). Nach der Taufe legt der Getaufte „seinen" Stein auch auf die Mauer, um zu bekunden, daß er jetzt in die Wand aus lebendigen Steinen eingefügt wurde und einen wichtigen Platz einnimmt.

Wenn die Mauer an einen Altar gebaut wurde, kann dieser auf Christus als dem Grundstein gedeutet werden (ähnlich Eph 2, 20–22: Christus, der Schlußstein, hält alles zusammen; oder eventuell Joh 15, 4.5: Wer mit mir verbunden bleibt, kann Frucht bringen).

g) *Im Zeichen eines Wagenrades* (vgl. „Kurzgeschichten 3", Nr. 190)

(In einem kleinen gezimmerten Wagenrad sollte *eine* Speiche herausnehmbar und nach der Taufe einsetzbar sein. Die übrigen Speichen können mit den Namen der anderen Kommunionkinder bezeichnet werden.)

Durch die Taufe ist N. N. jetzt ins „Wagenrad" aufgenommen worden. (Pr setzt Speiche ein.) So ein Rad braucht viele Speichen, um belastbar zu sein. Es kommt auf jeden an, auf N. N. und Euch alle. Ihr seht, die Speiche ist mit der Mitte, der Nabe, und dem Außenring, der Felge, verbunden. Die Speiche braucht, um fest zu sitzen, den Halt im Außenring und den in der Mitte. Der Außenring ist die Gemeinschaft der Christen, die Kirche – auch die Kommunionkindergruppe als Teil davon. Durch die Taufe ist N. N. in diese Gemeinschaft aufgenommen.

Die Mitte, die uns halten will, ist Jesus Christus. Auf ihn sollen wir auch schauen, wenn wir uns im Außenring einmal zu viel ärgern. Je näher wir Christus kommen, um so näher kommen wir auch einander (zeigen!). Auch in den anderen Sakramenten, wie Kommunion, Ehe ... kommt uns Jesus ganz nahe, ja, dürfen wir Ihn in uns aufnehmen. Welches Geschenk, welche Hilfe!

9. Eine Geschichte zum Abschluß

Da in diesem Buch Kurzgeschichten mit Wasser den roten Faden bilden, soll auch am Schluß eine solche Geschichte stehen. Sie zeigt noch einmal auf, was das Wasser uns alles sagen und die Taufe bewirken kann.

Wasser lehrt das rechte Leben

Einen Weisen im alten China fragten einmal seine Schüler: „Du stehst nun schon so lange vor diesem Fluß und schaust ins Wasser. Was siehst du denn da?" Der Weise gab keine Antwort. Er wandte den Blick nicht ab von dem unablässig strömenden Wasser. Endlich sprach er:

„Das Wasser lehrt uns, wie wir leben sollen. Wohin es fließt, bringt es Leben und teilt sich aus an alle, die seiner bedürfen. Es ist gütig und freigebig. Die Unebenheiten des Geländes versteht es auszugleichen. Es ist gerecht. Ohne zu zögern in seinem Lauf stürzt es sich über Steilwände in die Tiefe. Es ist mutig. Seine Oberfläche ist glatt und ebenmäßig, aber es kann verborgene Tiefen bilden. Es ist weise. Felsen, die ihm im Lauf entgegenstehen, umfließt es. Es ist verträglich. Aber seine sanfte Kraft ist Tag und Nacht am Werk, das Hindernis zu beseitigen. Es ist ausdauernd. Wie viele Windungen es auch auf sich nehmen muß, niemals verliert es die Richtung zu seinem ewigen Ziel, dem Meer, aus dem Auge. Es ist zielbewußt. Und sooft es auch verunreinigt wird, bemüht es sich doch unablässig, wieder rein zu werden. Es hat die Kraft, sich immer wieder zu erneuern. Das alles", sagte der Weise, „ist es, warum ich auf das Wasser schaue. Es lehrt mich das rechte Leben".

Aus China[34]

So wie dieses Wasser Leben austeilt, dauert, verträglich ist, reinigt, sich erneuert und die Richtung zum ewigen Ziel nicht aus dem Auge verliert, so spendet auch die Taufe Leben, reinigt, heilt, versöhnt und hilft uns auf dem Weg zum ewigen Ziel.

Stichwortverzeichnis

Anmerkungen mit Quellennachweis

[1] Aus: Elmar Gruber, Meine Taufe. Zur Erinnerung, Herder Verlag, Freiburg [2]1990, S. 5 (verkürzt).

[2] Aus: Antoine de Saint-Exupéry, Romane/Dokumente, Karl Rauch Verlag, Düsseldorf 1966 (verkürzt).

[3] Heribert Arens, in „Der Prediger und Katechet" [3]1989, Erich Wewel Verlag, München, S. 326.

[4] Aus: Hubertus Halbfas, Der Sprung in den Brunnen, Patmos Verlag, Düsseldorf [10]1990, S. 40–43.

[5] Gekürzt aus „Einheit der Christen in Hamburg", Informationen, Jg. 16, 1. Quartal 1988, S. 24.

[6] Aus: Wilhelm Willms, roter faden glück. lichtblicke, 7. 9, Verlag Butzon & Bercker, Kevelaer [5]1988.

[7] Überlieferung nach den Fioretti, Kap. 13, Die Blümlein des heiligen Franziskus von Assisi. Aus dem Italienischen nach der Ausgabe der Topografia Metastasio, Assisi 1901, von Rudolf G. Binding, Frankfurt/M. 1973.

[8] Aus: Josef Schicker/Luzi Lintner, „... und niemand spricht von unserm Lächeln", Anarche Verlagsgemeinschaft, Inning.

[9] F. van der Meer, Augustinus als Seelsorger. Leben und Wirken eines Kirchenvaters, Köln 1953, S. 430; zitiert nach: Th. Schneider, Zeichen der Nähe Gottes. Grundriß der Sakramententheologie, Matthias-Grünewald-Verlag, Mainz 1979, S. 90f.

[10] Aus: Gerhard Eberts, Jugendgottesdienste. Die Heiligen der Kirche, Band 5; Rex-Verlag, Luzern/Stuttgart 1983, S. 112.

[11] Nach Bernhard Langenstein, Atempause, aus: image, April 1988, Bergmoser + Höller Verlag, Aachen.

[12] Aus: Rüdiger Müller/Susanne von Schroeter, Gelber Drachen – rufende Flöte, Herder Verlag, Freiburg 1977, S. 90–93 (Anfang leicht verändert).

[13] Aus: Paul Schruers, Kleine Glaubensschule für junge Leute, Verlag Neue Stadt, München 1981.

[14] Aus: Leo Lionni, Swimmy. Deutsch von James Krüss. Copyright © 1963 und 1964 Leo Lionni und Gertraud Middelhauve Verlag GmbH & Co. KG Köln.

[15] Aus: Willi und Thomas Fährmann, Die Vögel des Himmels – die Fische der See, Echter Verlag, Würzburg 1984, S. 54f.

[16] Aus: M.–A. Behnke/M. Bruns/M. Lorentz/R. Ludwig, Kinder feiern mit, Lesejahr A, Bernward Verlag, Hildesheim 1983, S. 42.

[17] Aus: Jean Giono, Der Mann mit den Bäumen, © Theologischer Verlag Zürich [10]1992 (Auszug).

[18] Aus: Wir Gotteskinder. Die Jesus-People-Bewegung, von Hans J. Geppert, S. 129.

[19] Aus: Jörg Zink, Freude an Ihrem Kind, Kreuz Verlag, Stuttgart 1991.

[20] Aus: Jörg Zink, Freude an Ihrem Kind ...

[21] Aus: Jörg Zink, Freude an Ihrem Kind ...

[22] Aus: Wilhelm Willms, roter faden glück. lichtblicke, 4.2, Verlag Butzon & Bercker, Kevelaer [5]1988.

[23] Aus: Lothar Zenetti, Die wunderbare Zeitvermehrung, Pfeiffer Verlag, München [2]1983.

[24] Aus: Wilhelm Willms, mitgift, Verlag Butzon & Bercker, Kevelaer [9]1993.

[25] Aus: Wilhelm Willms, mitgift, Verlag Butzon & Bercker, Kevealer [9]1993.

[26] Nach: John A. Sanford, Alles Leben ist innerlich, Walter-Verlag, Solothurn 1974.

[27] Aus: Wilhelm Willms, roter faden glück. lichtblicke, 11.11, Verlag Butzon & Bercker, Kevelaer [5]1988.

[28] Aus: Martin Gutl, Meine Wege sind dir vertraut, Verlag Styria, Graz/Wien/Köln 1990, S. 93.

[29] Aus: Friedrich Karl Barth/Gerhard Grenz/Peter Horst, Gottesdienst menschlich, Jugenddienst-Verlag, Wuppertal 1979.

[30] Aus: Albrecht Goes, Lichtschatten Du. Gedichte aus fünfzig Jahren, S. Fischer Verlag GmbH, Frankfurt am Main 1978.

[31] Aus: Wilhelm Willms, mitgift, Verlag Butzon & Bercker, Kevelaer [9]1993.

[32] Aus: „Das große Jugendbuch" 3. Folge, © 1962 Verlag Das Beste GmbH, Stuttgart, S. 74 f.

[33] Aus: Khalil Gibran, Der Prophet, Walter-Verlag, Solothurn 1973.

[34] Aus China. Gefunden in: Johannes Thiele, Fantasie für die Schöpfung, Herder Verlag, Freiburg 1990, S. 95 f.

**Die kleine Sakramentenreihe
von Willi Hoffsümmer:**

Bußgeschichten
Topos Taschenbuch 99
6. Auflage. 128 Seiten. Kartoniert

Kommuniongeschichten
Topos Taschenbuch 79
15. Auflage. 96 Seiten. Kartoniert

Firmgeschichten
Topos Taschenbuch 126
6. Auflage. 144 Seiten. Kartoniert

Geschichten zum Sakrament der Ehe
Topos Taschenbuch 166
3. Auflage. 108 Seiten. Kartoniert

Geschichten für Kranke
Topos Taschenbuch 166
2. Auflage. 108 Seiten. Kartoniert

Matthias-Grünewald-Verlag · Mainz

Topos Taschenbücher
Die Reihe mit dem klaren Profil

Eine Auswahl:

Matthias-Grünewald-Verlag · Mainz

Topos Taschenbücher
Die Reihe mit dem klaren Profil

Matthias-Grünewald-Verlag · Mainz